Schriften der Fondation Rilke
Publications de la Fondation Rilke

Band 1

Rainer Maria Rilke

Gedichte in zwei Sprachen
Poèmes en double version

Herausgegeben von
Erich Unglaub und Curdin Ebneter

Gedruckt mit freundlicher Unterstützung von

 **Fondation Jan Michalski**

Bibliografische Information der Deutschen Nationalbibliothek
Die Deutsche Nationalbibliothek verzeichnet diese Publikation in
der Deutschen Nationalbibliografie; detaillierte bibliografische Daten
sind im Internet über http://dnb.dnb.de abrufbar.
© 2024 Schwabe Verlag, Schwabe Verlagsgruppe AG, Basel, Schweiz
Dieses Werk ist urheberrechtlich geschützt. Das Werk einschließlich seiner Teile
darf ohne schriftliche Genehmigung des Verlages in keiner Form reproduziert oder
elektronisch verarbeitet, vervielfältigt, zugänglich gemacht oder verbreitet werden.

Korrektorat: Thomas Lüttenberg, München
Cover: icona basel gmbh, Basel
Layout: Andreas Färber, mittelstadt 21, Vogtsburg-Burkheim
Satz: Daniela Weiland, textformart, Göttingen
Druck: Hubert & Co., Göttingen
Printed in Germany
ISBN Printausgabe 978-3-7965-5116-1
ISBN eBook 978-3-7965-5117-8
DOI 10.24894/978-3-7965-5117-8

rights@schwabe.ch
www.schwabe.ch

Inhalt

Vorwort 7

Rainer Maria Rilke
Gedichte in zwei Sprachen 13

Curdin Ebneter
Übersetzungen 47

Siglen 58

Nachweise und Erläuterungen 59

Erich Unglaub
Zwei Dichtersprachen
‹Handinneres› und ‹Paume› 69

Bildnachweis 105

Vorwort

Fast alle Gedichte des Prager Dichters Rainer Maria Rilke (1875–1926) mit analogen Titeln und Grundmotiven in deutscher und französischer Sprache entstanden innerhalb weniger Jahre, nämlich zwischen 1923 und 1925, im schweizerischen Wallis und in Paris, also zu einer Zeit, da er das Französische als seinen zweiten, seinem Schreiben und Dichten nicht nur zugänglichen, sondern bis zu einem gewissen Grad auch zugehörigen Sprach- und Kulturraum verstand. Im Medium der altvertrauten und doch neuen Sprache bewegte er sich nicht nur als Briefschreiber mit wachsender ‹aisance›, sprich: Leichtigkeit und Eleganz, sondern immer häufiger auch als Dichter, von französischen Freunden darin ermutigt. Dieses Betreten von sprachlichem Neuland, gerade auch in der Lyrik, beschrieb er als eine ihn selbst verwundernde, sein Schreiben verjüngende Übung, die nach zaghaftem Beginn immer beherzter wurde:

> C'est très étonnant de se trouver, en invitant[1] pratiquant sur le sol d'une autre langue : que j'y étais jeune, il me semblait que tout recommence avec cet instrument nouveau et j'étais presque effrayé, mais d'une frayeur heureuse, de le sentir vibrer sous mon toucher timide, de plus en plus hardi.[2]

---

1 Gemeint ist wohl: invité, Gast.
2 So Rilke in einem Brief an Renée Favre vom 18. November 1925, hier zitiert nach Rätus Luck: Briefe an Schweizer Freunde. Erweiterte und kommentierte Ausgabe. Herausgegeben von Rätus Luck unter Mitwirkung von Hugo Sarbach. Frankfurt am Main, Leipzig 1994, S. 470. Ü (C. E.): Es ist sehr verblüffend, sich als ‹praktizierender› Gast auf dem Boden einer anderen Sprache vorzufinden: wie war ich jung darin, mir schien, als beginne alles von vorn mit diesem neuen Instrument, und es fasste mich beinah ein Schrecken, ein glücklicher allerdings, als ich diesen Boden unter meiner scheuen Berührung, die immer mutiger wurde, vibrieren fühlte.

Im erwähnten Zeitraum schrieb er u. a. die folgenden, in der Rilke-Literatur als ‹Doppelgedichte› bekannt gewordenen Gedichte:

Das Füllhorn (11. Februar 1924, Muzot) – Corne d'abondance (11. Februar 1924, Muzot),

Der Magier (12. Februar 1924, Muzot) – Le Magicien (12. Februar 1924, Muzot),

Eros (Februar 1924, Muzot) – Éros 1–3 (15.–20. Februar 1924, Muzot), Éros 4 (Januar 1925, Paris),

Handinneres (um den 1. Oktober 1924, Muzot) – Paume (Januar 1925, Paris),

Gong (November 1925, Muzot) – Gong (März 1926, Val-Mont).

Außerhalb von Zweiergruppen entstanden damals auch Einzelgedichte in deutscher und französischer Sprache, dazu Entwürfe, Vorstufen und Fragmente mit gleichen oder ähnlichen Motiven. Mit dem ‹Kleinen Weinjahr› entwarf Rilke 1923 außerdem eine jahreszeitliche Suite von deutschen Gedichten, die von je einem französischen Gedicht umrahmt, wenn nicht ‹umhegt› ist.

In seinem Widmungsgedicht der ‹Vergers› für die russische Dichterin Marina Cvetaeva sprach Rilke von der «française plage de mon étrange coeur», dem französischen Gestade seines seltsamen Herzens, mit dem er sie, neben anderen Weiten und Landschaften, vertraut machen wolle. Die Doppelgedichte bieten Einblick in zwei Nachbar-‹Gestade›, wenn man so will: thematisch und motivlich geeint, und doch von je anderer Prägung.

Zu einer eigenständigen Kategorie gehört das ‹Lied› (1909) aus den ‹Aufzeichnungen des Malte Laurids Brigge› (1910), das Rilke unter dem Titel ‹Chanson› für die französische Ausgabe des Romans (1926) übersetzt hat. Es bildet den bei diesem Dichter seltenen Fall einer Selbstübersetzung und geht im vorliegenden Band den ‹Gedichten in zwei Sprachen› voran, ergänzt um Rilkes Kommentar.[3] Sein Modus des recht freien Neu- und Umschreibens eines eigenen Gedichts wäre gesondert zu betrachten, am besten wohl im Vergleich zu seinen Übersetzungen fremdsprachiger Dichter. Von Übersetzung wie auch von Selbstübersetzung sind die anders gearteten kreativen Impulse zu unterscheiden, die bei den ‹Doppelgedichten› wirksam waren.

Die Erstdrucke der Gedichte sind weit verstreut.[4] Der heutige Leser kann nicht nur, aber gerade auch die Doppelgedichte und das ihnen Zugehörige in den späteren Rilke-Ausgaben nicht neben- oder nacheinander gedruckt finden, sondern auf verschiedene Bände und Ausgaben verteilt, die die Chronologie der Entstehung nicht berücksichtigen. Rilke hat einige der französischen Versionen oder Spielarten der Doppelgedichte in den Band ‹Vergers› aufgenommen, der 1926 im Verlag der ‹Nouvelle Revue Française› (NRF) in Paris erschien.

---

[3] Vgl. auch Esa Christine Hartmann: Dichten in zwei Sprachen: Rilkes literarische Zweisprachigkeit aus textgenetischer Sicht. In: Recherches germaniques. HS 18 (2023) S. 109–130.

[4] Vgl. Rainer Maria Rilke: Werke. Kommentierte Ausgabe. Supplementband. Frankfurt am Main und Leipzig 2003. Manfred Engel beklagte im Kommentar, S. 395, dass zu diesem Textkorpus «kaum Vorarbeiten existieren», auch das Rilke-Handbuch (2004) vermeldet keinen anderen Stand. Rätus Luck: Ein paar Blätter von Rilkes Rosen. In: Blätter der Rilke-Gesellschaft. Bd. 26 (2006) S. 56–71. Die wichtigsten Ansätze wurden von zwei Forschern unternommen, bezeichnenderweise mit französischem Hintergrund: Roger Bauer: «Un doux vent polyglotte». Les poèmes en double version, allemande et française, de Rainer Maria Rilke. In: Revue d'Allemagne. Bd. 13 Nr. 2 (April–Juni 1981) S. 313–337. Roger Bauer: Rilkes Doppelgedicht ‹Der Magier / Le Magicien›. In: Zeitschrift für Kultur- und Bildungswissenschaften. Bd. 9 (2000) S. 69–72. Gerald Stieg: Rilkes späteste Gedichte auf Deutsch und auf Französisch. Ein Vergleich am Beispiel von ‹Gong›. In: Karen Leeder, Robert Vilain (Hg.): Nach Duino. Studien zu Rainer Maria Rilke späten Gedichten. Göttingen 2010, S. 168–178.

Die vorliegende Ausgabe orientiert sich an Wortlaut und Schreibweise der Erstdrucke. In den Nachweisen sind sie daher zuerst verzeichnet, noch vor dem Hinweis auf die entsprechenden Seiten der ‹Sämtlichen Werke› und der ‹Kommentierten Ausgabe›. Eine Ausnahme bildet ‹Das Kleine Weinjahr›. Hier folgt unsere Wiedergabe der Handschrift des Dichters im Schweizerischen Literaturarchiv (Bern).

Von Rilkes französischen Gedichten, zum Teil auch von französischen Doppelgedichten, liegen deutschsprachige Übersetzungen vor, die unterschiedliche Intentionen und Strategien verfolgen. Erwähnt seien hier nur die uns bekannten von Karl Krolow,[5] Yvonne Goetzfried,[6] Rätus Luck,[7] Bernhard Böschenstein,[8] Gerhard Falkner und Nora Matocza.[9] Für die vorliegende Ausgabe wurden die französischen Gedichte von Curdin Ebneter neu übersetzt; die dabei leitenden Gedanken sind auf S. 47–48 kurz skizziert. Weitere Hinweise zu Fragen der Interpretation und Übersetzung finden sich in den Erläuterungen.

---

[5] Les Fenêtres. Die Fenster. Übertragung und Nachwort von Karl Krolow. Drei Orig.-Radierungen von Christian Mischke. Frankfurt am Main, 1990.
[6] Rainer Maria Rilke: Vergers / Obstgärten. Zweisprachige Ausgabe. Ins Deutsche übertragen von Yvonne Goetzfried. Mit einem Geleitwort von Ulrich Fülleborn und einem Nachwort von Curdin Ebneter. Cadolzburg 2007. Zuvor hatte sie schon die Zyklen ‹Les Roses› und ‹Les Fenêtres› (2001) sowie ‹Les Quatrains Valaisans› (2002) übertragen.
[7] Rainer Maria Rilke: Werke. Kommentierte Ausgabe. Supplementband. Gedichte in französischer Sprache. Mit deutschen Prosafassungen. Herausgegeben von Manfred Engel und Dorothea Lauterbach. Übertragungen von Rätus Luck. Frankfurt am Main, Leipzig 2003.
[8] Bernhard Böschenstein: Antike Gottheiten in den französischen Gedichten Rilkes. In: Von Morgen nach Abend. Filiationen der Dichtung von Hölderlin zu Celan. München 2006, S. 199–215.
[9] Rainer Maria Rilke: Die Walliser Vierzeiler / Les Quatrains Valaisans. Deutsch und französisch. Übertragen von Gerhard Falkner und Nora Matocza unter Mitarbeit von Christophe Mitlehner. Mit einem Nachwort von Gerhard Falkner. Berlin 2019.

Der Dank der Herausgeber gilt dem Schweizerischen Literaturarchiv (Bern), der Fondation Rilke (Sierre), den Mitgliedern der Rilke-Gesellschaft (Bern), den Gönnern, die diesen Band ermöglicht haben, sowie dem Lektorat des Schwabe-Verlags (Basel / Berlin).

im Januar 2024

Erich Unglaub Curdin Ebneter
Bad Harzburg Veyras (Noble Contrée)

Gedichte in zwei Sprachen

DIE AUFZEICHNUNGEN DES MALTE LAURIDS BRIGGE

*

LES CAHIERS DE MALTE LAURIDS BRIGGE

EIN UNBEKANNTES DEUTSCHES LIED

Du, der ichs nicht sage, daß ich bei Nacht
weinend liege,
deren Wesen mich müde macht
wie eine Wiege,
du, die mir nicht sagt, wenn sie wacht
meinetwillen:
wie, wenn wir diese Pracht
ohne zu stillen
in uns ertrügen?
Sieh dir die Liebenden an,
wenn erst das Bekennen begann,
wie bald sie lügen.

Du machst mich allein. Dich einzig kann ich vertauschen.
Eine Weile bist dus, dann wieder ist es das Rauschen,
oder es ist ein Duft ohne Rest.
Ach, in den Armen hab ich sie alle verloren,
du nur, du wirst immer wieder geboren:
weil ich niemals dich anhielt, halt ich dich fest.

Paris, Dezember 1909

UNE CHANSON ALLEMANDE, INCONNUE

Toi, à qui je ne confie pas
mes longues nuits sans repos,
Toi qui me rends si tendrement las
me berçant comme un berceau;
Toi qui me cache tes insomnies,
dis, si nous supportions
cette soif qui nous magnifie,
sans abandon?
Car rappelle-toi les amants,
comme le mensonge les surprend
à l'heure des confessions.

Toi seule, tu fais partie de ma solitude pure.
Tu te transformes en tout: tu es ce murmure
ou ce parfum aérien.
Entre mes bras: quel abîme qui s'abreuve de pertes.
Ils ne t'ont point retenue, et c'est grâce à cela, certes,
qu'à jamais je te tiens.

Paris, um den 20. Juni 1925

Aus dem Begleitbrief (Paris, Hôtel Foyot, um den 20. Juni 1925) von Rainer Maria Rilke an Maurice Betz, den französischen Übersetzer des ‹Malte›-Romans:

> Je suis, je crois, arrivé (à moins que trop de fautes ne s'y soient glissées) à vous épargner la peine de revenir sur ces deux strophes chantées qui se trouvent dans le second volume du Malte. Voici ma version. Elle a, me semble-t-il, l'avantage de reproduire à peu près cet élan rhythmique qui, dans le texte allemand, fait que la voix de la jeune fille s'élève au-dessus de la prose et se détache d'elle de son propre essor.
>
> *Es ist mir, glaub ich, gelungen (sofern sich nicht zu viele Fehler eingeschlichen haben), Ihnen die Mühe zu ersparen, zu den beiden Liedstrophen im zweiten Band des Malte zurückzukehren. Anbei meine Version. Sie hat, wie mir scheint, den Vorzug, den rhythmischen Elan ungefähr beizubehalten, der im deutschen Text bewirkt, dass sich die Stimme des jungen Mädchens über die Prosa erhebt und mit eigenem Aufschwung von ihr löst.*
>
> Ü: C. E.

GEDICHTE

Que veux-tu que je mets sous ton image
mon cœur, mon bras, mes deux mains ou mon pied?
Tout en moi attend qu'on le soulage
de ce poids qui nous est familier.

Quel accident, quelle maladie naïve
dois-je faire dépeindre à mon tour?
Je me noie, je brûle, tout m'arrive
et de ma monture je tombe tous les jours.

Schöneck, 16. September 1923
Ü: S. 49

EX VOTO

Welches, unter dein Bild, heft ich der Glieder, der kranken,
Schweigende du, die ich lang, die ich langsam beschwor?
Häng ich die Hände dir hin, die vom Herzen mir sanken,
oder selber das Herz, das diese Hände verlor?

Heilest du mir meinen Fuß, der zu der armen Kapelle
schmerzhaft die Wege vollzog? Willst du mein knieendes Knie?
Weiß ich denn, was mir geschah? – Es verschlang mich die Welle,
oder ein Feuer ging um und war größer als sie.

Oder war es der Blitz? Oder fiel ich vom Wagen?
Drang ein Gift in mich ein, oder stieß mich ein Tier?
Hat die Erde an mich –, hab ich an die Erde geschlagen?
Nimm mich ganz an dein Bild: Vielleicht siehst du's an mir.

Schöneck, 16. September 1923

Blick auf Muzot von Osten, um 1926
Fotografie von Paul von Schulthess-Rechberg

SIEBEN ENTWÜRFE AUS DEM WALLIS
oder
Das Kleine Weinjahr

———

Geschrieben für den Freund und Gast-Freund,
als ein kleiner weihnachtlicher Ertrag seines
Schloß-Gutes zu Muzot
(1923)

Le souvenir de la neige
d'un jour à l'autre s'efface;
la terre blonde et beige
réapparaît à sa place.

Une bêche alerte
déjà (écoute!) opère;
on se rappelle que verte
est la couleur qu'on préfère.

Sur les côteaux on aligne
tantôt un tendre treillage;
donnez la main à la vigne
qui vous connaît et s'engage.

Ü: S. 49

Dumpfe Erde: wie hieß es, ihr jeden
Stein entringen als wie aus Fäusten;
aber die raschesten kamen, die neusten
Wasser kamen sie überreden.

Redeten zu aus der drängendsten Nähe,
nannten sie ausgeruht, nannten sie gut,
kühlten das Zornige, lösten das Zähe,
machten sie willig und wohlgemuth.

Und nun sieh, wie die Wege umschwingen,
was da gelang: wie das Band einen Hut.
Leise gedeiht das gelockte Gelingen,
von zustimmenden Himmeln umruht.

Wie er spart der Wein. Kaum glüht die Blüthe.
Nur ein Zukunftsduft wird leise frei.
So, als ob das Erdreich, das bemühte,
abergläubisch im Versprechen sei.

Wie der Künstler nicht, was ihm gelänge,
seinem Werk voraus versprechen mag, –
halten sich die überglückten Hänge
schräg und träge in den reinen Tag.

So wie Jakob mit dem Engel rang
ringt der Weinstock mit dem Sonnen-Riesen,
diesen großen Sommertag und diesen
Tag im Herbst, bis an den Untergang.

Der gelockte schöne Weinstock ringt.
Aber abends, langsam losgelassen,
fühlt er, wie aus dem Herüberfassen
jener Arme ihn die Kraft durchdringt,

wider die er, wie ein Knabe, drängte;
ganz gemischt mit seinem Widerstand,
wird sie nun in ihm das Unumschränkte…
Und der Sieg bleibt rein und unerkannt.

....

Lächeln …, beinah Gesicht
dieser gelockten Gelände.
Leiber aus Trauben, grüne
Hände, die blättern im Licht.

Als wär ein göttliches Bild
vergraben unter den Reben,
um sich zu geben durch Masken,
vertheilt und gewillt .....

Weinbergterrassen, wie Manuale:
Sonnenanschlag den ganzen Tag.
Dann von der gebenden Rebe zur Schale
überklingender Übertrag.

Schließlich Gehör in empfangenden Munden
für den vollendeten Traubenton.
Wovon ward die tragende Landschaft entbunden?
Fühl ich die Tochter? Erkenn ich den Sohn?

Comme aux Saintes-Maries, là-bas,
dans l'indéscriptible tourmente,
celui qui d'un coup se vante
d'être guéri, s'en va,
jetant sa béquille ardente:
ainsi la vigne, absente
a jeté ses échalas.

Tant de béquilles qui gisent
grises sur la terre grise;
le miracle est donc accompli?

Où est-elle, la vigne? Elle marche,
elle danse sans doute devant l'arche ...

Heureux ceux qui l'auront suivie!

Muzot, November – Dezember 1923
Ü: S. 49–50

Soudain il me souvient d'une place
auprès d'une source prise de manière
qu'un banc en pierre qui l'enlace
vous invitait à vous taire.

> Muzot, zwischen 13. und 15. Februar 1924
> Ü: S. 50

PRÉLUDE

Warum, auf einmal, seh ich die gerahmte
Parkquelle unterm Ulmendach?
Das Wasser in dem alten Rande ahmte
dem Hintergrund in Bildnissen nach.

Es zog mich hin. Sah ich vielleicht davor
die Möglichkeit des sanftesten Ovals?
War es die Hoffnung eines Kaschmirschals,
die ich ans Blätterspiegelbild verlor?

Wer weiß es jetzt, da Jugend nicht mehr täuscht?
Wie viele Griffe in das Leere
hat reines Wasser wunderbar verkeuscht
und glänzt noch jetzt herauf, daß es den Traum vermehre.

> Muzot, Februar 1924

DAS FÜLLHORN

Geschrieben für Hugo von Hofmannsthal

Schwung und Form des gebendsten Gefäßes,
an der Göttin Schulter angelehnt;
unsrer Fassung immer ungemäßes,
doch von unsrem Sehnen ausgedehnt –:

in der Tiefe seiner Windung faßt es
aller Reife die Gestalt und Wucht,
und das Herz des allerreinsten Gastes
wäre Form dem Ausguß solcher Frucht.

Obenauf der Blüten leichte Schenkung,
noch von ihrer ersten Frühe kühl,
alle kaum beweisbar, wie Erdenkung,
und vorhanden, wie Gefühl...

Soll die Göttin ihren Vorrat schütten
auf die Herzen, die er überfüllt,
auf die vielen Häuser, auf die Hütten,
auf die Wege, wo das Wandern gült?

Nein, sie steht in Überlebensgröße
hoch, mit ihrem Horn voll Übermaß.
Nur das Wasser unten geht, als flöße
es ihr Geben in Gewächs und Gras.

Muzot, 11. Februar 1924

CORNE D'ABONDANCE

O belle corne, d'où
penchée vers notre attente?
Qui n'êtes qu'une pente
en calice, déversez-vous!

Des fleurs, des fleurs, des fleurs,
qui en tombant font un lit
aux bondissantes rondeurs
de tant de fruits accomplis!

Et tout cela sans fin
nous attaque et s'élance,
pour punir l'insuffisance
de notre cœur déjà plein.

O corne trop vaste, quel
miracle par vous se donne!
O cor de chasse, qui sonne
des choses, au souffle du ciel!

Muzot, 11. Februar 1924
Ü: S. 50–51

DER MAGIER

Er ruft es an. Es schrickt zusamm und steht.
Was steht? Das andre; alles, was nicht er ist,
wird Wesen. Und das ganze Wesen dreht
ein raschgemachtes Antlitz her, das mehr ist.

O Magier, halt aus, halt aus, halt aus!
Schaff Gleichgewicht. Steh ruhig auf der Wa[a]ge,
damit sie einerseits dich und das Haus
und drüben jenes Angewachsne trage.

Entscheidung fällt. Die Bindung stellt sich her.
Er weiß, der Anruf überwog das Weigern.
Doch sein Gesicht, wie mit gedeckten Zeigern,
hat Mitternacht. Gebunden ist auch er.

Muzot, 12. Februar 1924

LE MAGICIEN

Le magicien, les yeux tout creux et vides,
émet le mot qui correspond ...
Et déjà naît, dans le silence aride,
le trouble sourd d'un gros remous fécond[.]

L'excite-t-il, ou bien déjà l'arrête?
Et qui l'emporte –, est-ce le magicien?
On conçoit qu'un fait fatal complète
son geste qui ordonne et retient.

Le mot agit, et nul ne le reprend.
Soudain, à certaines heures, ce qu'on nomme
devient ... quoi? Un être ... presque homme,
et on le tue, en le nommant [!]

Muzot, 12. Februar 1924
Ü: S. 51

EROS

Masken! Masken! Daß man Eros blende.
Wer erträgt sein strahlendes Gesicht,
wenn er wie die Sommersonnenwende
frühlingliches Vorspiel unterbricht.

Wie es unversehens im Geplauder
anders wird und ernsthaft... Etwas schrie...
Und er wirft den namenlosen Schauder
Wie ein Tempelinnres über sie.

O verloren, plötzlich, o verloren!
Göttliche umarmen schnell.
Leben wand sich, Schicksal war geboren.
Und im Innern weint ein Quell.

                             Muzot, Februar 1924

EROS

I

O toi, centre du jeu
où l'on perd quand on gagne;
Célèbre comme Charlemagne,
roi, empereur et Dieu.

Tu es aussi le mendiant
en pitoyable posture,
et c'est ta multiple figure
qui te rend puissant.

Tout ceci serait pour le mieux ;
mais tu es, en nous (c'est pire)
comme le noir milieu
d'un châle brodé de cachemire.

Ü: S. 52

II

O faisons tout pour cacher son visage
d'un mouvement hagard et hasardeux,
il faut le reculer au fond des âges
pour adoucir son indomptable feu.

Il vient si près de nous qu'il nous sépare
de l'être bien-aimé dont il se sert ;
il veut qu'on touche ; c'est un dieu barbare
que des panthères frôlent au désert.

Entrant en nous avec son grand cortège,
il y veut tout illuminé, –
lui, qui après se sauve comme d'un piège
sans qu'aux appâts il ait touché.

Ü: S. 52

III

Là, sous la treille, parmi le feuillage
il nous arrive de le deviner :
son front rustique d'enfant sauvage,
et son antique bouche mutilée ...

La grappe devant lui devient pesante
et semble fatiguée de sa lourdeur,
un court moment on frôle l'épouvante
de cet heureux été trompeur.

Et son sourire cru, comme il l'infuse
à tous les fruits de son fier décor,
partout autour il reconnaît sa ruse
qui doucement le berce et l'endort.

Muzot, 15.–20. Februar 1924
Ü: S. 53

IV

Ce n'est pas la justice qui tient la balance précise,
C'est toi, ô Dieu à l'envie indivise,
qui pèses nos torts,
et qui de deux cœurs qu'il meurtrit et triture
fais un immense cœur plus grand que nature,
qui voudrait encor

grandir ... Toi, qui indifférent et superbe,
humilies la bouche et exaltes le verbe
vers un ciel ignorant ...
Toi qui mutiles les êtres en les ajoutant
à l'ultime absence dont ils sont des fragments.

Paris, Januar 1925
Ü: S. 53

C'est le paysage longtemps, c'est une cloche,
c'est du soir la délivrance si pure; –
mais tout cela en nous prépare l'approche
d'une nouvelle, d'une tendre figure ...

Ainsi nous vivons dans un embarras très étrange
entre l'arc lointain et la trop pénétrante flèche:
entre le monde trop vague pour saisir l'ange
et celle qui, par trop de présence, l'empêche.

Ragaz, Mitte Juli 1924
Ü: S. 54

Ist es nicht wie Atmen, dieses stete
Wechselspiel von Zauber und Verzicht,
wenn sich wieder, was nur war und wehte,
sammelt in ein nahes Angesicht?

Welt und Antlitz: Wie sie sich verdrängen
und sich seltsam gleichen: keins ist mehr ...
Gestern fand ich an den fernen Hängen
mein Genügen. Heut entbehr

ich ein Aufschaun, einen Mund

Ragaz, Mitte Juli 1924

Welt war in dem Antlitz der Geliebten —,
aber plötzlich ist sie ausgegossen:
Welt ist draußen, Welt ist nicht zu fassen.

Warum trank ich nicht, da ich es aufhob,
aus dem vollen, dem geliebten Antlitz
Welt, die nah war, duftend meinem Munde?

Ach, ich trank. Wie trank ich unerschöpflich.
Doch auch ich war angefüllt mit zuviel
Welt, und trinkend ging ich selber über.

Ragaz, Mitte Juli 1924

‹Handinneres› in der Handschrift
von Rainer Maria Rilke

HANDINNERES

Innres der Hand. Sohle, die nicht mehr geht
als auf Gefühl. Die sich nach oben hält
im Spiegel
himmlische Straßen empfängt, die selber
wandelnden.
Die gelernt hat, auf Wasser zu gehn,
wenn sie schöpft,
die auf den Brunnen geht,
aller Wege Verwandlerin.
Die auftritt in anderen Händen,
die ihresgleichen
zur Landschaft macht:
wandert und ankommt in ihnen,
sie anfüllt mit Ankunft.

                                               Muzot, um den 1. Oktober 1924

PAUME

A Mme et M. Albert Vulliez.

Paume, doux lit froissé
où des étoiles dormantes
avaient laissé des plis
en se levant vers le ciel.

Est-ce que ce lit était tel
qu'elles se trouvent reposées,
claires et incandescentes,
parmi les astres amis
en leur élan éternel?

ô les deux lits de mes mains,
abandonnés et froids,
légers d'un absent poids
de ces astres d'airain.

Paris, Januar 1925
Ü: S. 54

Hôtel Foyot, Rue de Tournon 33, Paris VIème

CHAT

Chat d'étalage, âme qui confère
à tant d'objets épars son rêve lent,
et qui se prête, en conscience-mère,
à tout un monde inconscient.

Silence chaud et fauve, qui s'impose
à ce mutisme mutilé,
et qui remplit l'orphelinat des choses
d'un fier dédain à être caressé ….

Elle s'endort d'un air si intégral
entre cristaux, fayences et dorures,
que le dessin plaintif de leurs fêlures
semble signé d'un malheur magistral.

Paris, erste Maihälfte 1925
Ü: S. 55

Divinité du sommeil des chats,
sous un ciel sans fentes
j'aurais été celui qui édifia
ton temple aux voûtes lentes.

Ton sanctuaire je l'eus construit

Paris, Sommer 1925
Ü: S. 55

IDOL

Gott oder Göttin des Katzenschlafs,
kostende Gottheit, die in dem dunkeln
Mund reife Augen-Beeren zerdrückt,
süßgewordenen Schauns Traubensaft,
ewiges Licht in der Krypta des Gaumens.
Schlaf-Lied nicht,– *Gong! Gong!*
Was die anderen Götter beschwört,
entläßt diesen verlisteten Gott
an seine einwärts fallende Macht.

Muzot, Sommer 1925, Paris, bis November 1925

CIMETIÈRE

Y en a-t-il un arrière-goût de la vie dans ces tombes? Et les
abeilles trouvent-elles dans la bouche des fleurs un presque-mot
qui se tait? O fleurs, prisonnières de nos instincts de bonheur,
revenez-vous vers nous avec nos morts dans les veines? Comment échapper à notre emprise, fleurs? Comment ne pas être nos
fleurs? Est-ce de tous ses pétales que la rose s'éloigne de nous?
Veut-elle être rose-seule, rien-que-rose? Sommeil de personne
sous tant de paupières?

Muzot, zweite Oktoberhälfte 1925

Ü: S. 56

Rose, oh reiner Widerspruch, Lust,
Niemandes Schlaf zu sein unter soviel Lidern.

Muzot, 27. Oktober 1925

GONG

Klang, nichtmehr mit Gehör
meßbar. Als wäre der Ton,
der uns rings übertrifft.
eine Reife des Raums.

Muzot, Ende Oktober 1925

GONG

Nicht mehr für Ohren ...: Klang,
der, wie ein tieferes Ohr,
uns, scheinbar Hörende, hört.
Umkehr der Räume. Entwurf
innerer Welten im Frein ...,
Tempel vor ihrer Geburt,
Lösung, gesättigt mit schwer
löslichen Göttern ...: *Gong!*

Summe des Schweigenden, das
sich zu sich selber bekennt,
brausende Einkehr in sich
dessen, das an sich verstummt,
Dauer, aus Ablauf gepreßt,
um-gegossener Stern ...: *Gong!*

Du, die man niemals vergißt,
die sich gebar im Verlust,
nichtmehr begriffenes Fest,
Wein an unsichtbarem Mund,
Sturm in der Säule, die trägt,
Wanderers Sturz in den Weg,
unser, an Alles, Verrat ...: *Gong!*

Muzot, November 1925

GONG

pour Suzanne B ....

I

Bourdonnement épars, silence perverti,
tout ce qui fut autour, en mille bruits se change,
nous quitte et revient : rapprochement étrange
de la marée de l'infini.

Il faut fermer les yeux et renoncer [à] la bouche,
rester muet, aveugle, ébloui :
l'espace tout ébranlé, qui nous touche
ne veut de notre être que l'ouïe.

Qui suffirait ? L'oreille peu profonde
déborde vite –, et ne penche-t-on
contre la sienne, pleine de tous les sons
la vaste conque de l'oreille du monde ?

Ü : S. 56

2

Comme si l'on était en train
de fondre des Dieux d'airain,
pour y ajouter encor
des Dieux massifs, tout en or,
qui en bourdonnant se défont.
Et de tous ces Dieux qui s'en vont
en de flambants métaux,
s'élèvent d'ultimes sons
royaux !

Val-Mont, Mitte März 1926
Ü : S. 57

(... Arbres d'airain, qui dans l'ouïe font
mûrir les fruits ronds
de leur sonore saison.....)

Val-Mont, zweite Märzhälfte 1926
Ü: S. 57

Längst, von uns Wohnenden fort, unter die Sterne versetztes
Fenster, das feiert und gilt;
du, nach Leyer und Schwan, überlebendes, letztes
langsam vergöttlichtes Bild.

Wir gebrauchen dich noch, leicht in die Häuser gerahmte
Form, die uns Weite versprach.
Doch das verlassenste oft irdische Fenster ahmte
deinen Verklärungen nach!

Schicksal warf dich dorthin, sein unendlich gebrauchtes
Maß für Verlust und Verlauf.
Fenster aus stetem Gestirn, wandelergriffen taucht es
über den Zeigenden auf.

Muzot, zwischen 11. und 18. Juni 1926

Depuis quand nous te jouons
avec nos yeux, fenêtre!
Comme la lyre, tu devais être
rendue aux constellations!

Instrument tendre et fort
de nos âmes successives,
arrache enfin de nos sorts
ta forme définitive!

Monte! Tourne de loin
autour de nous qui te fîmes.
Soyez, astres, les rimes
trouvées à nos bouts de destin!

Muzot, 18.–20. Juni 1926
Ü: S. 57

> «Aber in allen diesen Dingen entscheidet die feine irritable
> Waage unter dem Glassturz des reinen Gewissens. Sehe jeder zu!
> Freiheit darf man nur dem rathen, der von unendlicher
> Verantwortung weiß. Auf dem Grunde der Kunst giebt es
> keine schreibbaren Regeln mehr, wohl aber Momente reinster
> Gesetzgebung für den in einem letzten Sinne Hörigen!»
> *Rilke an den Moréas-Übersetzer Rolf von Ungern-Sternberg,
> am 29. April 1921*[1]

Curdin Ebneter

Übersetzungen

Für diesen Band haben wir eine Übersetzung der französischen Doppelgedichte vorgenommen, da Rilkes deutsche Versionen, wie im Kapitel ‹Zwei Dichtersprachen› erläutert, ihrer je eigenen Inspiration folgen und nicht als Selbstübersetzungen anzusprechen sind. Rilke will mit seinen Doppelungen nicht an die Gedichte der jeweils anderen Sprache heranführen, er löst sich vielmehr vom ursprünglichen Impuls, sei er französisch oder deutsch. In den deutschen Parallelgedichten sind die Verse meist länger, die Syntax elaborierter; auch die Bildsphäre gestaltet sich anders. Die Doppelung hat Züge eines Spiels oder Experiments, einer Selbsterprobung mit offenem Ausgang.

Unser Versuch einer textnahen, wenn auch nicht wörtlichen Übersetzung der französischen Gedichte war zunächst als Verständnishilfe gedacht, sollte aber auch in der Zielsprache Gedichte ergeben, die – wenn möglich – als solche bestehen

---

[1] Rainer Maria Rilke: Briefwechsel mit Rolf von Ungern-Sternberg und weitere Dokumente zur Übertragung der *Stances* von Jean Moréas. Herausgegeben von Konrad Kratzsch unter Mitarbeit von Vera Hauschild. Frankfurt am Main, Leipzig 2002, S. 49.

können. Leitend war die Absicht, ähnliche Rhythmen zu verwenden und eine vergleichbare Knappheit und Schlichtheit des Ausdrucks zu erreichen. Wo die Nachbildung trotz unterschiedlicher Sprachstrukturen gelingt, mag sich Deutschsprachigen ein annähernder Eindruck von der spezifischen Form und Anmutung der französischen Gedichte vermitteln.

Die Göttin des Reims, so Rilke an Merline (25. März 1921), sei sehr launenhaft, man könne sie weder voraussehen noch herbeirufen, sie komme wie das Glück, die Hände voll von blumenreicher Erfüllung.[2] Diese Erfahrung bedenkend, haben wir auf den Endreim, der in den meisten dieser Gedichte vorkommt, in der Übersetzung verzichtet. Seine Beibehaltung hätte zu inhaltlichen Abweichungen, Umbauten und Zusätzen genötigt, die wir im Sinne der beschriebenen Absicht vermeiden wollten. Für einen gewissen Ausgleich sorgen neben dem Rhythmus Klangfiguren, namentlich Assonanzen, Alliterationen und Binnenreime. Die Interpretation weicht an nicht näher bezeichneten Stellen von der Prosaübersetzung der Kommentierten Ausgabe ab. Einige Hinweise finden sich in den Erläuterungen.

*

---

2 «Elle est très capricieuse; on ne peut pas la prévoir, ni l'appeler, elle vient comme le bonheur, les mains pleines d'un accomplissement tout en fleurs.» Rainer Maria Rilke et Merline: Correspondance 1920–1926. Rédaction: Dieter Bassermann. Zürich 1954, S. 272.

Was leg ich, sag mir, unter dein Bild:
mein Herz, den Arm, die Hände, den Fuß?
Alles in mir strebt nach Erlösung
von dem uns so vertrauten Gewicht.

Wie nenn ich den Unfall, die arglose Krankheit,
die mein Maler mir darstellen soll?
Ich ertrinke, ich brenne, mir stößt alles zu,
und alle Tage stürze ich vom Pferd.

Vgl. S. 19

Die Erinnerung an Schnee
vergeht von heut auf morgen,
und die bloße, blasse Erde
zeigt sich neu an dessen Ort.

Ein Spaten regt sich
schon (hör hin!) und handelt;
Grün ist, man weiß es wieder,
die Farbe, die man liebt.

Die Hänge überzieht schon bald
ein zartes Laubgewinde;
leiht ihr die Hand, der Rebe,
die euch kennt und die sich müht.

Vgl. S. 22

Wie unten bei den Sankt Marien,
im unbeschreiblichen Tumult,
einer plötzlich sich rühmt,
geheilt zu sein, fortgeht und dann
seine Krücke, die glühende, abwirft:
so hat auch die Rebe, wie von fern,
ihre Stickel abgeworfen.

So viel Krücken, die nun grau
auf grauer Erde kauern;
hat sich das Wunder ereignet?

Wo ist sie, die Rebe? Sie wandert,
sie tanzt gewiss vor der Arche ...

Selig sind, die ihr gefolgt sein werden!

Vgl. S. 24–25

Da kommt ein Ort mir in den Sinn
bei einer Quelle, so gefasst,
dass eine Steinbank, sie umfangend,
den Wanderer um Stille bat.

Vgl. S. 26

FÜLLHORN

O schönes Horn, woher
zu unserm Erwarten geneigt?
Die ihr nur Schräge seid
im Kelch, ergießet euch!

Blumen, Blumen, Blumen,
die sinkend ein Bett bereiten
der hüpfenden Rundung
all der vollendeten Früchte!

Und all dies fällt endlos
über uns her und entstürzt,
den Mangel des Herzens,
des schon vollen, zu strafen.

O überweites Horn, welch ein
Wunder wird durch dich!
O Jagdhorn, das Dinge durchtönt
mit Atem des Himmels!

Vgl. S. 28

DER MAGIER

Der Magier, die Augen hohl und leer,
entsendet das Wort, das entspricht ...
Und schon erwächst aus öder Stille
und Gewirr ein großer, trächtiger Wirbel.

Treibt er ihn an? Gebietet er Halt?
Und wer bleibt Sieger – ist es der Magier?
Man ahnt, dass eine Schicksalsmacht
die Hand bald ergänzt, die ordnet und hält.

Es wirkt das Wort, keiner nimmt es zurück.
Und zu mancher Stunde wird das Benannte
jählings ... zu was? Einem Wesen ..., fast Mensch,
das man tötet, indem man es nennt!

Vgl. S. 28–29

EROS

I

Oh du, Zentrum des Spiels,
bei dem verliert, wer gewinnt;
berühmt wie Karl der Große,
König, Kaiser und Gott.

Auch der Bettler bist du
in flehender Pose,
und was dich ermächtigt,
ist deine multiple Gestalt.

Alles stünde zum Besten,
wärst du nicht in uns (fatal)
wie von einem Kaschmirschal
die schwarze, unbestickte Mitte.

Vgl. S. 30–31

II

Beeilen wir uns, sein Gesicht zu verstecken
mit einer Geste, so fahrig wie voller Gefahr,
zurück mit ihm bis zum Grunde der Zeiten,
auf dass er sein Feuer, das ständige, bändige.

Er kommt uns so nah, dass er von der Geliebten
uns trennt, als wär sie ein Pfand;
er will, dass man berühre; ein barbarischer Gott,
den in der Wüste die Panther streifen.

Wenn er mit all seinem Tross in uns fährt,
legt er im Innern den Brand, –
er, der alsbald wie der Falle entweicht
und keinen der Reize berührt.

Vgl. S. 31

III

Da, unterm Spalier, im herbstlichen Laub,
errät man ihn zuweilen: ihn mit der
ländlichen Stirn eines trotzigen Kinds
und dem antiken, beschädigten Mund ...

Die Traube wird schwer vor ihm
und müde, so scheint es, von ihrer Last;
eine Weile lang streift man das Grauen
des Sommers, von heiterem Trug.

Sein rohes Lächeln, wie durchfließt es
alle Früchte des stolzen Dekors;
die eigene List, sie umgibt ihn rings
und wiegt ihn sanft und lullt ihn ein.

Vgl. S. 31–32

IV

Nicht die Gerechtigkeit hält die genaue Waage,
du bists, o Gott von ungeteilter Lust,
der unsre Fehler wiegt
und aus zwei Herzen, die er martert und zerreibt,
ein Riesenherz erschafft, ein Herz,
das maßlos weiter

wachsen will ... Du, der du gleichgültig und stolz
den Mund beschämst, das Wort erhebst,
zum ahnungslosen Himmel hin ...
Der du Wesen verstümmelst und der letzten
Ferne hinzufügst, deren Fragmente sie sind.

Vgl. S. 32

Lang ists die Landschaft, lang eine Glocke
oder vom Abend die reine Befreiung –
doch *in* uns spricht all dies vom Kommen
einer neuen Gestalt, einer zarten ...

Und so leben wir seltsam befangen zwischen dem
Bogen, der fern, und dem allzu durchdringenden Pfeil:
der Welt, die – zu vage – den Engel nicht fasst,
und *ihr*, deren zu starkes Hiersein ihn hindert.

Vgl. S. 33

PALMA MANUS

Für Herrn und Frau Albert Vulliez.

Palma, sanft zerwühltes Bett
und Falten schlafender Sterne,
von ihnen hiergelassen,
als sie gen Himmel stiegen.

War dies Bett von solcher Art,
dass sie nun ausgeruht
und glühend schimmern
bei freundlichen Gestirnen
von ewigem Elan?

Oh die Betten meiner Hände,
verlassen und kalt,
leicht vom fehlenden Gewicht
jener erzenen Sterne.

Vgl. S. 37

KATZE

Katze im Regal, Seele, die Verstreutem
langgedehnte Träume beschert,
und die sich, Bewusstsein befruchtend,
Unbewusstem in Fülle ergibt.

Wilde Stille, warm und falb,
die Stummsein, versehrtes, beseelt,
und die im Waisenhaus der Dinge
jede Liebkosung verwehrt ...

Sie schlummert so schrankenlos ein,
zwischen Kristallen, Fayencen und Gold,
dass man im Klagemuster ihrer Risse
ein schreckliches Unglück erahnt.

Vgl. S. 40

Gottheit des Schlafes der Katzen,
unter Himmeln ohne Lidspalt
hätt ich damals deinen Tempel
mit ruhigen Kuppeln erbaut.

Dein Heiligtum hätt ich errichtet

Vgl. S. 40

FRIEDHOF

Ist in diesen Gräbern ein Nachgeschmack von Leben? Und die Bienen, finden sie im Blumenmund ein stummes Beinahe-Wort? Blumen, ihr Geiseln unseres Glückstriebs, kehrt ihr nicht zu uns zurück, mit unsern Toten in den Venen? Wie könntet ihr, Blumen, unserem Zugriff entgehn? Wie nicht *unsere* Blumen sein? Weicht die Rose nicht mit allen Blütenblättern vor uns zurück? Will sie vielleicht nur Rose sein, und nichts als Rose? Niemandes Schlaf unter soviel Lidern?

Vgl. S. 41

GONG

für Suzanne B ....

I

Streuendes Dröhnen, verdrehte Stille,
zu tausend Geräuschen wird alles reihum,
geht weg und kehrt wieder: und seltsam flutend
rückt das Unendliche nah.

Man schließe die Augen, verriegle den Mund,
stumm, geblendet und blind:
der erschütterte Raum, der uns rührt,
verlangt von uns nur Gehör.

Wer würde genügen? Das oberflächliche Ohr
ist rasch überfordert –, und neigt man nicht
zum eignen, schon klangüberfüllten,
die weite Muschel des Weltenohrs?

Vgl. S. 43

2

So als schickte man sich an,
erzene Götter zu schmelzen,
um ihnen, in Gold und massiv,
weitere Götter anzufügen,
die rauschend zergehn.
Und von all diesen Göttern,
die metallen verglühn,
steigen Töne, die letzten,
königlich auf!

Vgl. S. 43

(... Erzene Bäume, die runde
Früchte reifen im Gehör
aus klingender Jahreszeit.......)

Vgl. S. 44

Seit wann umspielen dich
unsere Augen, o Fenster!
So wie die Leier gehörst du
zum Sternbild erhoben!

Werkzeug, so fügsam wie stark
im Nacheinander unserer Seelen,
entreiße endlich unsern Geschicken
deine verbindliche Form!

Steige hinan! Kreise von weitem
um uns, deine Schöpfer.
Seid, o Sterne, die Reime
auf unsere Schicksalsenden!

Vgl. S. 45

Siglen

SW 2 = Rainer Maria Rilke: Sämtliche Werke. Herausgegeben vom Rilke-Archiv. In Verbindung mit Ruth Sieber-Rilke besorgt durch Ernst Zinn. Bd. 2: Gedichte. Zweiter Teil. Frankfurt am Main 1956. Darin auch: Gedichte in französischer Sprache.

KA 2 = Rainer Maria Rilke: Werke. Kommentierte Ausgabe in vier Bänden. Herausgegeben von Manfred Engel, Ulrich Fülleborn, Horst Nalewski, August Stahl. Bd. 2: Gedichte 1910 bis 1926. Herausgegeben von Manfred Engel und Ulrich Fülleborn. Frankfurt am Main, Leipzig 1996.

KA 5 = Rainer Maria Rilke: Werke. Kommentierte Ausgabe in vier Bänden. Hcrausgegeben von Manfred Engel, Ulrich Fülleborn, Horst Nalewski, August Stahl. Supplementband: Gedichte in französischer Sprache. Mit deutschen Prosafassungen. Herausgegeben von Manfred Engel und Dorothea Lauterbach. Übertragungen von Rätus Luck. Frankfurt am Main, Leipzig 2003.

Nachweise und Erläuterungen

DIE AUFZEICHNUNGEN DES MALTE LAURIDS BRIGGE
EIN UNBEKANNTES DEUTSCHES LIED. Du, der ichs nicht sage, daß ich bei Nacht
Erstdruck: Rainer Maria Rilke: Die Aufzeichnungen des Malte Laurids Brigge. Zweites Bändchen. Leipzig 1910, S. 169–171.
SW 2, S. 37. KA 1, S. 442.

LES CAHIERS DE MALTE LAURIDS BRIGGE
UNE CHANSON ALLEMANDE, INCONNUE. Toi, à qui je ne confie pas
Erstdruck: Rainer Maria Rilke: Les Cahiers de Malte Laurids Brigge. Traduction de Maurice Betz. Paris 1926, S. 361–362.
SW 2, S. 674. KA 5, S. 278.

Brief von Rainer Maria Rilke an Maurice Betz. Paris, um den 20. Juni 1925. Zitiert nach KA 5, S. 659.

Que veux-tu que je mets sous ton image
Erstdruck: SW 2 (1957) S. 702. KA 5, S. 180.

Vorstufe zu ‹EX VOTO›.
Que veux-tu que je mets sous ton image: Nach dem verbum volendi *veux-tu* müsste eigentlich der Konjunktiv stehen: *que je mette*.

EX VOTO. Welches, unter dein Bild, heft ich der Glieder, der kranken
Erstdruck: Insel-Almanach auf das Jahr 1924. Leipzig 1923, S. 181.
SW 2, S. 143. KA 2, S. 291.

EX VOTO: Lat. Bezeichnung für eine Gabe als Dank für die Erfüllung eines Versprechens. Im Volksglauben oft ein Bildnis oder eine Skulptur, das oder die an einem Wallfahrtsort bei einem wundertätigen Gnadenbild (häufig der Gottesmutter Maria) von dankbaren Pilgern angebracht wird. Das Gedicht entstand während Rilkes Kuraufenthalt in Schöneck. Er widmete es der Besucherin Elisabeth Salomon.

SIEBEN ENTWÜRFE AUS DEM WALLIS ODER DAS KLEINE WEINJAHR. Le souvenir de la neige
Druck nach der Handschrift des Dichters im Schweizerischen Literaturarchiv, Bern.

SW 2, S. 145–148 und die Entwürfe S. 480–481. KA 2, S. 295–298.

Geschrieben für den Freund und Gast-Freund: Der Winterthurer Unternehmer und Mäzen Dr. h. c. Werner Reinhart (1884–1951) mietete (1921) und kaufte (1922) das «Schlößchen Muzot» (Rilke) und überließ es dem Dichter als Wohnsitz.

wie Jakob mit dem Engel rang: Erzählung im Alten Testament, Gen. 32, 23–33.

Comme aux Saintes-Maries, là-bas: Gemeint ist Saintes-Maries-de-la-Mer im Département Bouches-du-Rhône, ein Wallfahrtsort, an dem seit Jahrhunderten die ‹heiligen Marien› Maria Kleophae und Maria Salome verehrt werden und im Besonderen die schwarze Sara als Schutzheilige der Gitans (Roma und Sinti). Jährliche Wallfahrten zur Kirche Notre-Dame-de-la-Mer am 24./25. Mai sowie Ende Oktober.

a jeté ses échalas: Bezieht sich auf die im Wallis – vor der Reblausplage – übliche wurzelechte Verjüngung von Rebparzellen durch ‹Vergruben› (Niederlegen) ganzer Rebstöcke und Rebzeilen in tiefen Furchen (frz. *versannes*). Die Rebstöcke waren nach dem Absenken nicht mehr sichtbar (*la vigne, absente*), und die bis dahin stützenden Stickel (*échalas*, Rebpfähle) lagen nun verstreut und wie abgeworfen.

elle danse sans doute devant l'arche: Anspielung auf den einzigen Gedichtband des an Tuberkulose verstorbenen französischen Dichters

jüdischen Glaubens Henri Franck (1888-1912): *La danse devant l'arche*. Diese Gedichte erschienen im September 1911 in der Nouvelle Revue Française, 1912 postum in Buchform; «seit dem Jahr 1913 halt ich das Buch eines Frühverstorbenen in Ehren, – Henry Franck», so Rilke an Rudolf Bodländer am 13. März 1922.
Zeichnung: Weintraube nach Rilkes Handschrift.

Soudain il me souvient d'une place
Erstdruck: SW 2, S. 704. KA 5, S. 208.
Verworfener Ansatz zu PRÉLUDE.

PRÉLUDE. Warum, auf einmal, seh ich die gerahmte
Erstdruck: Rainer Maria Rilke: Briefe an seinen Verleger 1906 bis 1926. Leipzig 1934, S. 392-397.
SW 2, S. 151. KA 2, S. 307.
Prélude: aus lat. praeludium, frz. prélude, ein frei gestaltetes Musikstück, vgl. die bekannten Préludes für Klavier von Chopin und Debussy. Hier bei Rilke das Einleitungsgedicht für den Zyklus ‹Entwürfe aus zwei Winterabenden› zum Geburtstag des Insel-Verlegers Anton Kippenberg.
Park-Quelle: vermutlich die große Brunnen-Anlage im Berner Rosengarten (1920).
Kaschmirschal: Rilke hatte im Oktober 1923 in Bern das Historische Museum und eine Ausstellung der Kaschmir-Shawls besucht. Vgl. unten die Angaben zu ‹EROS. O toi centre du jeu›.

DAS FÜLLHORN. Schwung und Form des gebendsten Gefäßes
Erstdruck: Insel-Almanach auf das Jahr 1927. Leipzig 1926, S. 11.
SW 2, S. 149-150. KA 2, S. 304.
Füllhorn: Symbol aus der antiken Mythologie. Flechtkorb in Schneckenform, der Blumen und Früchte enthält, die Fülle, Reichtum und Überfluss anzeigen. Das Füllhorn wird mit unterschiedlichen Gottheiten in Verbindung gebracht: Gaia (Erde), Eirene (Friede), Fortuna

(Glück), Flora (Frühling). Hier eine Brunnenfigur (ev. Fortuna-Brunnen, München und Herrenchiemsee).
für Hugo von Hofmannsthal: österreichischer Dichter (1. Februar 1874 – 15. Juli 1929).

CORNE D'ABONDANCE. O belle corne, d'où
Erstdruck: Rainer Maria Rilke: Vergers suivi des Quatrains Valaisans. Paris 1926, S. 17.
Das von Rilke durchgesehene Inhaltsverzeichnis notiert: ‹Corne d'abondance› (S. 87).
SW 2, S. 521. KA 5, S. 18. Beide Ausgaben verzeichnen in Register, Inhaltsverzeichnis und Kommentar ‹Corne d'abondance›.

DER MAGIER. Er ruft es an. Es schrickt zusamm und steht.
Erstdruck: Insel-Almanach auf das Jahr 1925. Leipzig 1924, S. 106.
SW 2, S. 150 und die Entwürfe S. 483. KA 2, S. 306.

LE MAGICIEN. Le magicien, les yeux tout creux et vides
Erstdruck: Rainer Maria Rilke: Poèmes Français. Paris 1935, S. 178.
SW 2, S. 649. KA 5, S. 204.

EROS. Masken! Masken! Daß man Eros blende
Erstdruck: Insel-Almanach auf das Jahr 1925. Leipzig 1924, S. 105–106.
SW 2, S. 158. KA 2, S. 314.
Eros: Gott der begehrenden Liebe in der griechischen Mythologie.

EROS. O toi, centre du jeu
Erstdruck: Rainer Maria Rilke: Vergers suivi des Quatrains Valaisans. Paris 1926, S. 22–24.
SW 2, S. 525–527. KA 5, S. 24–28.
le noir milieu: Bei seinen Besuchen im Berner Historischen Museum bewunderte Rilke persische und turkestanische «Shawls mit runder oder quadratischer oder sternig ausgesparter Mitte mit schwarzem,

grünem oder elefenbein-weißem Grund», wie er am 16. Dezember 1923 an Gräfin Sizzo schrieb. Aus der Betrachtung dieser Kaschmirschals, ihrer «stillen Mitte» und der sie umrankenden farbigen Blumenmotive ergaben sich für ihn «vollzählige, verschwiegene Äquivalente des Lebens, zu denen die Sprache immer nur umschreibend gelangt».

C'est le paysage longtemps, c'est une cloche
Erstdruck: Rainer Maria Rilke: Vergers suivi des Quatrains Valaisans. Paris 1926, S. 56.
SW 2, S. 550. KA 5, S. 70, 72.
mais tout cela en nous prépare l'approche/d'une nouvelle, d'une tendre figure: Biografischer Hintergrund ist der erwartete Besuch von Erika Mitterer (1906–2001) aus Wien, mit der Rilke seit dem 3. Juni 1924 einen Briefwechsel in Gedichten führt, dessen Intensität den «Engel» seines übrigen Schaffens wahrscheinlich behindert. Der Bogen und die «trop pénétrante flèche» erinnern eindeutig an die Attribute von Amor/Cupido (Erika Mitterer wird Rilke erst vom 21. bis 23. November 1925 in Muzot besuchen.). Daraus erklärt sich wohl die vom Erstdruck abweichende, auf eine Person hindeutende Großschreibung der Initiale von «celle» in SW 2 und KA 5. – Möglich wäre auch eine allgemeinere Interpretation, die vom biografischen Kontext absieht. So könnte «d'une nouvelle, d'une tendre figure» in Vers 4 auch auf das Werden, die Ankunft eines neuen Gedichts als poetische Figur anspielen, während das Wort «flèche» (Pfeil), auf das sich das Pronomen «celle» grammatisch ebenso beziehen kann, z. B. auf Ansprüche der Außenwelt, Zumutungen der Krankheit oder sonstige Hemmnisse verwiese. – Vgl. dazu Rainer Maria Rilke – Erika Mitterer: Besitzlose Liebe. Der poetische Briefwechsel. Herausgegeben von Katrin Kohl. Berlin 2018, S. 390–391, sowie Charlie Louth: The Life of the Work. Oxford 2020, S. 555–556.

Ist es nicht wie Atmen, dieses stete
Erstdruck: Rainer Maria Rilke: Gedichte 1906 bis 1926. Sammlung der verstreuten und nachgelassenen Gedichte aus den mittleren und späten Jahren. Herausgegeben vom Rilke-Archiv. Wiesbaden 1953, S. 616.
SW 2, S. 490. KA 2, S. 370.

Welt war in dem Antlitz der Geliebten
Erstdruck: Insel-Almanach auf das Jahr 1927. Leipzig 1926, S. 15.
SW 2, S. 168. KA 2, S. 370.

HANDINNERES. Innres der Hand. Sohle, die nicht mehr geht
Erstdruck: Europäische Revue. Leipzig 1. Jg. H. 1 (April 1925) S. 49.
SW 2, S. 178. KA 2, S. 382.

PAUME. Paume, doux lit froissé
Erstdruck: Rainer Maria Rilke: Vergers suivi des Quatrains Valaisans. Paris 1926, S. 14–15.
SW 2, S. 519–520. KA 5, S. 14.
A Mme et M. Albert Vulliez: Widmung an Marguerite Vulliez (geb. Quersin) und Albert Vulliez, die Rilke im Frühjahr 1925 in Paris kennengelernt hatte.

CHAT. Chat d'étalage, âme qui confère
Erstdruck: SW 2, S. 606. KA 5, S. 274.
Zu Rilkes Katzen-Gedichten vgl. Roland Ris: Le gong, le chat, le sphinx. Approches de la poésie tardive de Rilke. In: Bulletins de l'Académie Royale de Belgique. Année 1994, S. 337–371, besonders S. 347–351. Auch https://doi.org/10.3406/barb.1994.39570, Abruf am 8.12.2023.

Divinité du sommeil des chats
Erstdruck: SW 2, S. 724. KA 5, S. 288.
sans fentes: Das Wort fente kann ‹Riss, Ritze, Schlitz›, im Besonderen auch ‹Sehschlitz› oder ‹Lidspalt› (fente de l'œil) bedeuten. Diese

Variante wurde in der Übersetzung gewählt, um das Traumleben der schlafenden Katze anzudeuten, die in ihrem Bewusstsein Innen- und Außenwelt erfasst und vereint. Vermutlich steht *sans fentes* hier auch für ein altägyptisches Weltbild, dessen Himmel noch bruchlos und gefestigt schien. Risse und Spalten finden sich im Gegensatz dazu etwa in der ‹Achten Elegie›: «So reißt die Spur/der Fledermaus durchs Porzellan des Abends.» Oder in einer von Rilke erwähnten Erzählung Algernon Blackwoods, in der sich um Mitternacht jeweils ein winziger Spalt auftut, worin ein sehr geschickter Mensch aus der Zeit aussteigen könnte; das so betretene Reich wäre frei von Wandel und Verlust (Brief an Baltusz Klossowski, Ende Februar 1921).

je l'eus construit: Grammatisch korrekt wäre *je l'eusse construit*, die stilistisch gehobene Form des Konjunktiv Plusquamperfekt (statt *je l'aurais construit*).

IDOL. Gott oder Göttin des Katzenschlafs

Erstdruck: Rainer Maria Rilke: Aus Taschen-Büchern und Merk-Blättern 1925. Wiesbaden 1950, S. 69.

SW 2, S. 185–186. KA 2, S. 395.

Idol: lat. idolum, griech. eidolon, Götterbild, dem man kultische Verehrung erwies. Im Gedicht finden sich Anklänge an Baudelaire-Gedichte, insbesondere an ‹Les Chats›. Außerdem sind hier ägyptische Erinnerungen aufgerufen. In Rilkes Gedicht ‹In Karnak wars› stehen die Verse:

> Und doch, die Gnade! Weißt du noch den See,
> um den granitne Katzen-Bilder saßen
> Marksteine – wessen? Und man war dermaßen
> gebannt ins eingezauberte Carré,
>
> daß, wären fünf an einer Seite
> nicht gestürzt gewesen (du auch sahst dich um),
> sie, wie sie waren, katzig, steinern, stumm,
> Gericht gehalten hätten.

«Granitne Katzen-Bilder» stehen auf dem südlich vom Amuntempel in Karnak gelegenen, von Amenophis III. zu Ehren von Amuns Gattin Mut erbauten Tempel. Diesen umgibt ein hufeisenförmiger Teich. Die zum Teil umgestürzten Granitstatuen stellen die in Wirklichkeit löwenköpfige Sachmet (Sechmet) dar, Göttin des Krieges und zugleich Heilgöttin. (Die ‹echte› ägyptische Katzengöttin hieß Bastet und wurde mit Katzen- oder Löwenkopf dargestellt.)

Katzenschlaf: leichter Schlaf zwischen Traum und Wachen, Bewusstem und Unbewusstem.

Augen-Beeren: eigentlich Heidelbeere, Blaubeere (Vaccinium myrtillus), hier aber, wie in Vers 4 zu lesen, «süßgewordnen Schauns Traubensaft», eine Metapher, die Konkretes und Abstraktes in der Schwebe hält.

Krypta: Im Altgriechischen unterirdisches Gewölbe, Gruft. Hier: Gaumenhöhle.

Schlaf-Lied: Vermutlich Reminiszenz an Richard Beer-Hoffmann, über dessen *Schlaflied für Mirjam*, das erstmals am 25. November 1898 in der Zeitschrift ‹Pan› erschienen war, Rilke an Ilse Blumenthal-Weiss das Folgende schrieb (25. Februar 1925): «Wenn ich das ‹Schlaflied› von der ersten Bekanntschaft an (da es herrlich in den Seiten des damaligen ‹Pan› erschien) überaus bewunderte, so war es mir vergönnt, ihm (ich wußte es auswendig) in späteren Jahren auch unbedingte Bewunderer zu gewinnen. Als ich ein halbes Jahr lang in Schweden wohnte [1904], ging das so weit, daß man mir nach unserem Gute hin, von anderen Gütern her den Wagen schickte, wie man einen Arzt holen läßt, nur damit ich sonst fremden Menschen, die von der außerordentlichen Schönheit dieses Gedichtes gehört hatten, die Verse vorspräche –: eine Forderung, der ich mich jedesmal ergriffen und mit dem ganzen Glück meiner eigenen Bewunderung unterzog!»

CIMETIÈRE. Y en a-t-il un arrière-goût de la vie dans ces tombes? Erstdruck: Les cahiers du mois. Reconnaissance à Rilke. Nr. 23/24 (1926) S. 109.
SW 2, S. 611. KA 5, S. 290.

Rose, oh reiner Widerspruch, Lust
Erstdruck: Das Inselschiff. 8. Jg. H. 2 (Ostern 1927) S. 81.
SW 2, S. 185. KA 2, S. 394.
ROSE OH REINER WIDERSPRUCH, LUST
NIEMANDES SCHLAF ZU SEIN UNTER SOVIEL
LIDERN.
Auf Rilkes Grabstein in Raron ist die Anordnung aus Platzgründen eine andere. Im ‹Inselschiff› von 1927 war das Wort «Lidern» noch nicht als dritte Zeile abgesetzt wie in SW 2 und KA 2.

GONG. Klang, nichtmehr mit Gehör
Erstdruck: SW 2, S. 506.

GONG. Nicht mehr für Ohren ...: Klang
Erstdruck: Rainer Maria Rilke: Aus Taschen-Büchern und Merk-Blättern. Wiesbaden 1950, S. 71.
SW 2, S.186–187. KA 2, S. 396.

GONG. Bourdonnement épars, silence perverti
Erstdruck: SW 2, S. 617–618.
KA 5, S. 306.
pour Suzanne B.........: Suzanne Bertillon (1891–1980), Nichte des französischen Kriminologen Alphonse Bertillon, nach 1920 Entwerferin von Stoffmustern, Malerin. In ihrem Atelier in Paris trafen sich 1925 junge Künstler, Schriftsteller und Musiker, darunter auch die russische Exilantin Hélène Iswolsky und die belgische Schriftstellerin Marguerite Quersin (später verh. Vulliez), bei denen Rilke seine französischen Gedichte überarbeitete. Bertillon war in den dreißiger Jahren Journalistin von ‹Le Matin› und zählte während des Weltkriegs zur Résistance. Sie besaß das Manuskript des Gedichts, das ihr Rilke gewidmet hatte.

Längst, von uns Wohnenden fort, unter die Sterne versetztes
Erstdruck: Rainer Maria Rilke: Gedichte 1906 bis 1926. Sammlung der verstreuten und nachgelassenen Gedichte aus den mittleren und späten Jahren. Herausgegeben vom Rilke-Archiv. Wiesbaden 1953, S. 635. SW 2, S. 509. KA 2, S. 407.
Leyer und Schwan: Sommer-Sternbilder der Antike.
langsam vergöttlichtes Bild: Mythische Gestalten der Antike erscheinen als ewige Sternbilder am Nachthimmel: Leier – Orpheus, Schwan – Kyknos. Rilke fügt das ‹Fenster› dazu, hier wie auch im Gedicht ‹Depuis quand nous te jouons›. Vgl. KA 2, S. 233 und KA 5, S. 342.

Depuis quand nous te jouons
Erstdruck: SW 2, S. 632. KA 5, S. 342.

Erich Unglaub

Zwei Dichtersprachen

‹Handinneres› und ‹Paume›

Der Dichter Rainer Maria Rilke hat das Problem des Schreibens von Lyrik in zwei Sprachen durchaus erkannt. Als ihm im Frühjahr 1907 ein schwedischer Freund einige Verszeilen in deutscher Sprache mit der Bitte um Beurteilung und Verbesserung schickte, antwortete er:

> Das Gedicht […] ist fehlerlos so wie es dasteht, ohne dass ich irgendwas verändern müsste, ausser einer Kleinigkeit hier und da.
> Aber es ist nicht ganz klar und auch nicht ganz deutsch, dem Sprachgefühl nach. Trotzdem ist es verwunderlich, dass Dir, in einem Moment inneren Müssens offenbar, das geglückt ist. Ich kann verstehen, was Du damit heraufrufst und an mancher Stelle hast Du einen starken überzeugenden Ausdruck für Dein Gefühl gefunden, so dass auch ein anderer, der Dich nicht kennt, es verstehen müsste.
> Aber das Ganze ist doch nicht lebendig und klar, wenn man es als selbständig und künstlerisch gültig betrachten soll.
> Ich kann Deine Sehnsucht gut verstehen, besser als irgendeiner. Hab ich doch manchmal russische Gedichte versucht, in Augenblicken da ein inneres Erlebnis nur in dieser Form sich verklären zu können meinte.
> Und immer noch bin ich von Zeit zu Zeit genöthigt, gewisse Dinge französisch zu schreiben, um sie überhaupt ausformen zu können.

Aber ich bin dabei auch zu der Einsicht gekommen, dass man diesem Drängen nicht zu sehr nachgeben, vielmehr immer wieder seine Kraft daran setzen muss, in der eigenen Sprache *alles* zu finden, mit ihr alles zu sagen: denn sie, mit der wir bis tief ins Unbewusste hinein zusammenhängen, und *nur* sie kann uns, wenn wir uns um sie bemühen, schliesslich die Möglichkeit geben, ganz präcise und genau und bestimmt bis in den Nachklang jedes Nachklangs hinein, unseres Erlebens Endgültigkeit mit ihr darzustellen. Das Material des Schreibenden ist nicht nachgiebiger als das irgend einer anderen Kunst und nicht leichter zu umfassen! Du glaubst nicht, wie sehr ich mich im Deutschen immer noch als ein Anfänger fühle, der noch weit entfernt ist, sicher und entschlossen nach den Worten zu greifen, die jedesmal die einzig richtigen sind.

Meine Erfahrung und Erkenntnis in diesem Sinne ist zu deutlich und gründlich, als dass ich Dir sie vorenthalten dürfte, im Augenblick, da Du von Deiner Hoffnung und Absicht schreibst, Dich einmal deutsch auszugeben.

Die Verlockung, die eine «grosse kulturelle Sprache» für Dich hat, fällt auch fort, wenn Du bedenkst, wie zugänglich uns die grossen Gedanken aller Sprachen geworden sind.[1]

Wir wissen, Rilkes Versuche in russischen Versen waren nicht sonderlich geglückt, und seine französischen Gedichte aus der Spätzeit haben nicht immer Lob gefunden.[2] Das sagt wenig

---

[1] Rainer Maria Rilke an Ernst Norlind, Capri 1907. Paul Åström (Hg.): Rainer Maria Rilke. Briefe an Ernst Norlind. Partille 1986, S. 34.
[2] «Extrem formuliert: Er ist in diesen ‹Vergers› und ‹Quatrains Valaisans›, ‹Roses›, ‹Fenêtres› und ‹Tendres impôts à la France› usw. das Gegenteil seiner selbst, wenn wir unter diesem ‹seiner selbst› sein Eigenstes, die ‹Duineser Elegien› verstehen. Er kehrt, übrigens bewusst, zu seinen Prager Anfängen,

über die Sprachkompetenz im Alltag oder beim Gespräch in guter Gesellschaft. Da wurde Rilkes Französisch allseits gelobt. Freilich ergaben sich gelegentlich Schwierigkeiten, wie etwa, als er zum Erscheinen ‹Der neuen Gedichte anderer Teil› (1908) einen Widmungsbrief an den französischen Bildhauer erwog und formulierte:

> A Auguste Rodin. Cher grand ami, mes meilleurs efforts sont enfermés dans une langue qui n'est pas la vôtre. Je vous donne ce livre que vous ne lirez point. […] Ces pages resteront fermées entre vous et moi; je n'ai pas peur cependant, qu'elles nous séparent. C'est Dieu qui est entre les langues.[3]

Den Widerstand des Insel-Verlegers Anton Kippenberg suchte er zu überwinden:

> Was die Sprache betrifft, beruhigte ich mich zwar momentan damit, daß die dem Buche eigene Sprache, völlig im Kunstmaterial aufgegangen, nicht in erster Linie als *deutsch* gilt, sondern als *Gedicht* überhaupt, so daß sich eine andere fremde Sprache gebrauchsweise davor müßte verwenden lassen, ohne unmittelbar und unschön daranzustoßen.[4]

---

dem ‹Larenopfer›, heim, als könnte noch einmal Kindheit sein, Kindheit in einer anderen Sprache, Neugeburt.» Gerald Stieg: Rilke in Frankreich. In: Mitteilungen aus dem Brenner-Archiv. Nr. 17 (1998) S. 11.
3 Rainer Maria Rilke: Briefwechsel mit Anton Kippenberg 1906 bis 1926. Herausgegeben von Ingeborg Schnack und Renate Scharffenberg. Bd. 1. Frankfurt am Main und Leipzig 1996, S. 565. Ü (kursiv: Rilke; Rest: C. E.): An Auguste Rodin. Teurer großer Freund, *meine besten Anstrengungen sind eingeschlossen in eine Sprache, die nicht die Ihre ist. Ich eigne Ihnen dieses Buch, das Sie nicht lesen werden, zu.* […] Diese Seiten werden geschlossen bleiben zwischen Ihnen und mir; ich befürchte jedoch nicht, dass sie uns trennen. Denn zwischen den Sprachen ist Gott.
4 Rainer Maria Rilke an Anton Kippenberg, Paris, 26. September 1908. Rainer Maria Rilke: Briefwechsel mit Anton Kippenberg Bd. 1, S. 121–122.

Das Ergebnis war im Druck die knappe Zueignung: «A mon grand ami Auguste Rodin». Die Zweisprachigkeit betraf hier allerdings nur den französischen Paratext zur deutschen Lyrik. Der Dichter konnte in diesem Fall dem ‹deutschgesinnten› Verleger ganz pragmatisch entgegenkommen. So formuliert die Druckausgabe lapidar auf einem vorgesetzten Blatt, knapp aber monumental mit Versalien:[5]

A MON GRAND AMI AUGUSTE RODIN

Doch reservierte sich Rilke für Lyrik in zwei Sprachen – fast unbemerkt – schon im Brief an Norlind einen kleinen Ausweg, als er schrieb:

> Und mir scheint oft schon, als genüge es, dass eine große Sache *gedacht* sei, um unzerstörbar zu existieren! In diesem Gefühle hat es keinen Sinn, eine Sprache zu wählen, weil sie verbreitet ist; vielmehr nur in der, die man hat, alles Äusserste an Klarheit zu erreichen, müsste unsere Aufgabe sein.[6]

Er rekurrierte dreizehn Jahre später darauf, als er erstmals einen französischen (Prosa-) Text zur Publikation erwog. Der Schweizer Freundin Nanny Wunderly-Volkart berichtete er aus der Wintereinsamkeit von Schloss Berg am Irchel, wo er sehnsüchtig darauf wartete, die ‹Elegien› zu vollenden:

> Gestern lief ich schon seit ½4 draußen auf und ab, meine Préface für Balthazar K's Katzen-Erlebnis bedenkend und abends noch (bis gegen zwölf!) schrieb ich sie in einem

---

[5] Die neueren Ausgaben verdecken diese Problematik etwas, indem sie setzen: «A mon grand Ami Auguste Rodin» und die zunächst leere Zwischenseite weglassen. Vgl. SW I, S. 556. KA I, S. 512.
[6] Paul Åström (Hg.): Rainer Maria Rilke. Briefe an Ernst Norlind, S. 35.

Zuge nieder. Die erste Arbeit hier, wenn mans so ernst nehmen will. Aber es hat mich gefreut, etwas Französisches hervorzubringen, *französisch gedacht*, nirgends in Gedanken übersetzt aus einem deutschen Einfall.[7]

Wenn es um das Schreiben literarischer Texte ging, suchte der Dichter auch bei kleinen Aufgaben die Hilfe von Muttersprachlern. So wandte er sich beim knappen Vorwort («meine Préface») zu Baltusz Klossowskis Bilderbuch ‹Mitsou› (1920) an seinen Pariser Freund Charles Vildrac, um bei französischen Formulierungen sicherzugehen.[8]

Doch entgegen seinem Rat an Ernst Norlind – der sein eigenes schwedisches Gedicht ins Deutsche übersetzt hatte – scheute er sich selber nicht, französische Gedichte zu schreiben.

Beim Blick auf diese Lyrik sehen wir, dass der Dichter sie nicht nur in den letzten drei Schweizer Lebensjahren verfasst hat, die ersten französischen Verse stammen vielmehr aus dem April 1897, sind allerdings «nicht mehr als peripheres Beiwerk».[9] Bis 1923 zählen Herausgeber 37 französische Gedichte und Fragmente. Französisch als Fremdsprache hatte Rilke zu Schulzeiten in Prag gelernt, doch erst mit der Übersiedlung nach Paris (1902) wurde ihm diese Sprache vertrauter und geläufiger, Fehler wurden seltener.[10] Manchmal ist der Anlass im Sprachwechsel erkennbar, etwa wenn er für den Bildhauer Auguste Rodin

---

[7] Rainer Maria Rilke an Nanny Wunderly-Volkart, Berg am Irchel, 27. November 1920. Rainer Maria Rilke: Briefe an Nanny Wunderly-Volkart. Im Auftrag der Schweizerischen Landesbibliothek und unter Mitarbeit von Niklaus Bigler besorgt durch Rätus Luck. Bd. 1. Frankfurt am Main 1977, S. 347.
[8] Vgl. August Stahl: «französisch gedacht». Rainer Maria Rilke und Charles Vildrac. In: Études Germaniques. Nr. 249 (2008) S. 49–88.
[9] KA 5, S. 573.
[10] Eine frühe Bilanz zog Philippe Gariel: Rainer Maria Rilke, poète français. In: La Revue hebdomadaire: romans, histoire, voyages. 46. Jg. Nr. 24 (12. Juni 1937) S. 229–245.

(der kein Deutsch konnte) ein französisches Gedicht[11] schreibt, um Professionalität zu beweisen. Aber nichts davon übertrifft an Zahl und Qualität bis zum Frühjahr 1923 das, was Rilke mit seinen deutschsprachigen Gedichten vorgelegt hat, und nur eines davon ist eine Selbstübersetzung vom Französischen ins Deutsche.[12] 1925 wird er das Gegenstück liefern, indem er für die französische Übersetzung des ‹Malte›-Romans sein eingefügtes deutsches Gedicht ins Französische übersetzt. Von Selbstübersetzung wie auch von Übersetzung klar zu trennen sind die deutsch-französischen Doppel- oder Parallelgedichte, auf die wir im Folgenden eingehen.

Deutsch-französische Parallelgedichte

Als Leser kann man die Gedichte und ihre Kontexte in den Rilke-Ausgaben nicht nebeneinander finden, sondern nur getrennt in verschiedenen Bänden, obwohl sie in einem vergleichsweise kurzen Zeitraum entstanden sind. Auch Rilke selbst hat französische Parallelgedichte für sich in den Band ‹Vergers› (1926) aufgenommen.[13] Die Erstdrucke liegen aber oft weit auseinander, auch die Forschung ist nicht umfangreich.[14]

---

11 ‹Ce sont les jours où les fontaines vides›. KA 5, S. 150.
12 ‹Chanson orpheline› 1899, Schmargendorfer Tagebuch. KA 5, S. 575.
13 Aline Mayrisch richtete an Jean Schlumberger von der NRF die eher rhetorische Frage: «Ai-je raison d'être épatée par les vers français du poète allemand Rilke?» und erhielt als Antwort: «Étonnants, les vers de Rilke!»
14 Manfred Engel: KA 5 Kommentar, S. 395 beklagte (2003), dass zu diesem Textkorpus «kaum Vorarbeiten existieren», auch das Rilke-Handbuch (2004) vermeldet keinen anderen Stand. Rätus Luck: Ein paar Blätter von Rilkes Rosen. In: Blätter der Rilke-Gesellschaft. Bd. 26 (2006) S. 56–71. Die wichtigsten Ansätze verdanken sich zwei Forschern, bezeichnenderweise mit französischem Hintergrund. Roger Bauer: «Un doux vent polyglotte». Les poèmes en double version, allemande et française, de Rainer Maria Rilke. In: Revue d'Allemagne. Bd. 13, Nr. 2 (April–Juni 1981) S. 313–337. Roger

Der Komparatist Roger Bauer hat für diese Rilke-Gedichte den Begriff geprägt: «poèmes en double version»[15] und ihn zugleich einer bestimmten Situation zugeordnet: Diese Gebilde «peuvent être considérés comme représentatifs d'un moment ou stade de la poésie».[16] Diese Phase beginnt mit ‹Das Füllhorn / Corne d'abondance›, einer Hommage an Hugo von Hofmannsthal, die sich – nach Rilkes Schilderung – verselbständigt hat. Es stellt sich allerdings die Frage nach dem poetischen Mechanismus bei der Generierung solcher Doppelgedichte. Rilke hat dazu einige Hinweise gegeben. Aus ihnen ersieht man, dass es sich nicht um eine durchgehende Strategie des Dichters – wie etwa bei einer Übersetzung – handelt, nicht um ein gezieltes Vorgehen. Ein solches ist auch bei den anderen (französischen) Gedichten der Sammlung ‹Vergers› nicht erkennbar. Wie im Fall der ‹Duineser Elegien› beruft sich der Dichter auf die – dort lang

---

Bauer: Rilkes Doppelgedicht «Der Magier. Le Magicien». In: Zeitschrift für Kultur- und Bildungswissenschaften. Bd. 9 (2000) S. 69–72. Gerald Stieg: Rilkes späteste Gedichte auf Deutsch und auf Französisch. Ein Vergleich am Beispiel von ‹Gong›. In: Karen Leeder, Robert Vilain (Hg.): Nach Duino. Studien zu Rainer Maria Rilke späten Gedichten. Göttingen 2010, S. 168–178. – Die Formulierung «un doux vent polyglotte» stammt aus einem Gedicht Rilkes für Jeanne Dubost: ‹Ô le ruban léger dont les bouts flottent›. KA 5, S. 358. Eugenia Kelbert bezeichnet in Anschluss an Gérard Bucher die Konstellation als «such ‹parallel› poem (or pair of poems)». Eugenia Kelbert: Reborn as René. The Interplay of Self and Language in a Selection of Rilke's Late French and German Poems. In: The Yearbook of Comparative Literature. Bd. 56 (2010) S. 208. Charlie Louth verwendet in seiner intensiven Analyse von zwei Gedichten die Bezeichnungen «German sibling» für ‹Handinneres› und «French pendant» für ‹Paume›. Charlie Louth: The Life of the Work. Oxford 2020, S. 573. Gérard Bucher unterstreicht die unterschiedliche Lautlichkeit («subtle stereophonic effects») der motivgleichen Gedichte in beiden Sprachen. Vgl. Gérard Bucher: Rilke's Poetry in the French Language: The Enigma of Mythopoietic Reversal. In: Erika A. Metzger, Michael M. Metzger (Hg.): A Companion to the Works of Rainer Maria Rilke. Rochester 2001, S. 249.

15 Roger Bauer: Un doux vent, S. 331.
16 Roger Bauer: Un doux vent, S. 335.

ersehnte – Vollendung durch Inspiration. Hier allerdings in der französischen, der erborgten Sprache («la langue prêtée»). Es sind Gedichte, die aus einer unvorhersehbaren Inspiration geboren sind, die ihn wie ein Strom mitgerissen hat.[17]

Was man hier vor sich hat, ist das Phänomen einer unvorhersehbaren «bifurcation» (Gabelung), des plötzlichen Einbruchs einer anderen Inspiration, der französischen neben der deutschen. Dabei geht es nicht um ein bloßes «dédoublement» (Verdoppelung) der ‹Inspiration›, wie wir sie als Modell schon aus der antiken Poetik und auch bei Rilke kennen. Auf die Doppelgedichte übertragen, bedeutet dies: «Entstanden unter denselben Voraussetzungen, manchmal unmittelbar nacheinander, und in beiden Sprachen dasselbe Thema behandelnd, drücken sie doch nicht den gleichen Inhalt aus und vor allem nicht in derselben Weise.»[18]

Das markante Beispiel ist dafür das Gedichtpaar ‹Das Füllhorn – Corne d'abondance›. Das erste Gedicht ist nach Jean Rudolf von Salis als Geschenk für Hugo von Hofmannsthal zu dessen 50. Geburtstag (1. Februar 1924) entstanden. Rilke habe in seinem Notizbuch die Formulierung «corne d'abondance» gefunden und daraus das deutsche Gedicht ‹Das Füllhorn› entwickelt, aber unmittelbar danach ein französisches Gedicht mit dem Titel ‹Corne d'abondance› geschrieben. In einem Brief aus Muzot an Baladine Klossowska (11. Februar 1924) erläutert er die Entstehung: «Heute schrieb ich, um eine Probe zu machen, daß ich, französisch schreibend, *nicht* deutsch denke und dann irgendwie übertrage, gleich hinter einander dasselbe *sujet* in beiden Sprachen. Je vous envoie, cela va vous amuser, les *deux*

---

[17] Vgl. die ausführliche Erläuterung des Dichters zu diesem Vorgang im Brief an Arthur Fischer-Colbrie, Muzot 8. Dezember 1925. Rainer Maria Rilke: Briefe aus Muzot. Herausgegeben von Ruth Sieber-Rilke und Carl Sieber. Leipzig 1936, S. 348–349.
[18] Vgl. Roger Bauer: Un doux vent, S. 317.

textes, si différents! La version allemande (*Füllhorn*) j'ai dédié à Hofmannsthal pour son cinquantenaire. Qu'est-ce que vous allez préférer? *Füllhorn* ou *Corne d'abondance*.»[19]

Vier Tage später berichtet er, dass er mit den beiden Gedichten ‹Der Magier / Le Magicien› das Experiment fortgesetzt habe und dabei zur folgenden Einsicht gelangt sei:

> C'est assez amusant de se rendre compte comme dans les deux poésies l'action de la générosité ultime, la grâce des dons, s'accomplit d'une façon différente. Pour m'éprouver davantage, je me suis imposé, l'autre soir, un autre sujet: *le magicien*, pour voir si, celui-là aussi, je le traiterai diversement en le poursuivant dans les deux langues. Voilà ce qui est sorti de ce nouveau concours. La différence se montre assez grande encore, mais là je préfère la version allemande. C'est un petit jeu, rien de plus, mais il me fait sentir combien traduire est une chose risquée et peut-être trompeuse –, puisque, si on part du sujet, le résultat, tout ingénument, se projette d'une façon si différente sur les deux écrans.[20]

---

[19] Rainer Maria Rilke et Merline: Correspondance 1920–1926. Rédaction: Dieter Bassermann. Zürich 1954, S. 499–500.
[20] Rilke et Merline: Correspondance, S. 503. Ü (C.E.): Es ist recht vergnüglich zu bemerken, wie sich in den beiden Gedichten jene letzte Großmut, die der Gnadengeschenke, auf unterschiedliche Weise auswirkt und vollendet. Um mich weiter zu erproben, habe ich mir neulich abends ein anderes Sujet vorgenommen: den *Magier*, um zu sehen, ob ich auch dieses anders behandle, wenn ich ihm in beiden Sprachen folge. Anbei das Ergebnis dieses neuen Wettbewerbs. Der Unterschied ist auch hier beachtlich, doch ziehe ich die deutsche Version in diesem Fall vor. Es ist ein kleines Spiel, nichts weiter; es lässt mich aber spüren, wie riskant und wohl auch trügerisch die Sache des Übersetzens ist –, denn geht man vom Sujet aus, dann projiziert sich das Ergebnis, in aller Unschuld, auf ganz verschiedene Weise auf die beiden Leinwände.

Die beiden Gedichtpaare können als eine Art Origo betrachtet werden, weil hier die poetischen Texte, der Anlass ihrer Entstehung, ihre Verfahren und Ziele gut benennbar sind. Aber dieses Modell und seine beschriebenen Kontexte können nicht allgemeine Geltung für die Rilke'schen Doppelgedichte beanspruchen. Schon bei der Reihe der ‹Eros›-Strophen tritt eine zeitliche Streckung ein, ebenso bei den ‹Gong›-Gedichten.

Hand oder Paume? Eine politische Frage

Vielleicht geht Rilkes Interesse für die ‹Hand› auf die früheste Zeit seines Paris-Aufenthalts zurück. Über den ersten Besuch beim Bildhauer Auguste Rodin schreibt er an seine Frau Clara:

> Wir sprachen manches – (soweit meine seltsame Sprache und seine Zeit es zuließ.) ... Dann arbeitete er weiter und bat mich, alles zu besehen, was im Atelier steht. Das ist nicht wenig. Die «Hand» ist da. C'est une main comme-ça (sagte er und machte mit seiner eine so mächtig haltende und formende Gebärde, daß man glaubte, Dinge aus ihr wachsen zu sehen). – C'est une main comme-ça, qui tient un morceau de terre glaise avec des ... Und auf die beiden wundervoll tief und geheimnisvoll vereinigten Gestalten deutend: c'est une création ça, une création ... Wunderbar sagte er das ... Das französische Wort verlor seine Grazie und erhielt nicht die umständliche Schwere des deutschen Wortes: Schöpfung ... es hatte sich aus allen Sprachen losgelöst, losgekauft ... war allein in der Welt: création ...[21]

---

[21] Rainer Maria Rilke an Clara Rilke-Westhoff, Paris, 2. September 1902. Rainer Maria Rilke: Briefe aus den Jahren 1902 bis 1906. Herausgegeben von Ruth Sieber-Rilke und Carl Sieber. Leipzig 1930, S. 26–27.

Die Hand als (abgeformte) bildhauerische Plastik, die Geste, die künstlerische Schöpfung und das französische Wort – nicht das deutsche, das sich damit verbindet –, sind die mächtigen Eindrücke, die überdauern.

Nach außen hin relativierte Rilke die Bedeutung seiner französischen Lyrik und teilte z. B. im März 1926 dem schweizerischen Redakteur Eduard Korrodi seine «französische Nebenleistung»[22] der ‹Vergers› (Juli 1926) mit, die schließlich nur durch lokale (Walliser) Gründe und die große «schweizerische Gastfreundschaft» veranlasst sei. Dies war ein Schutz gegen deutschnationale Angriffe, die Rilke im Sommer zuvor (1925) in Paris heftig getroffen hatten.

Dass die Genese von Doppelgedichten nicht immer so funktionierte wie in den beschriebenen Modellen, ist offensichtlich, wenn man die Entstehungsdaten betrachtet. ‹Handinneres› ist Anfang Oktober 1924 in Muzot entstanden, das französische Pendant ‹Paume› im Januar 1925 in Paris. Doch hat diese Entstehung einen weiten Kontext, der die Sensibilisierung des Dichters für unterschiedliche Sprachen zeigt. Aufschlussreich ist ein Brief, den Rilke am 29. Januar 1914 an Eva Cassirer schrieb:

> von der Gfn Noailles halte ich ihr erstes Buch Le Cœur innombrable und das vorjährige: Les Vivants et les morts für besonders bedeutend; (aber vom deutschen Gedicht zum französischen ist der Schritt am Ende noch größer als von der deutschen Frau zur Französin, und mit dem schönen (sehr schönen) Matthias Claudius (den Sie mir einlegten) im Gemüth, müßte es überhaupt schwer sein, französische Verse vorzunehmen, italiänische (Gaspara Stampa, oder

---

22 Rainer Maria Rilke: Briefe. Herausgegeben vom Rilke-Archiv in Weimar. In Verbindung mit Ruth Sieber-Rilke besorgt durch Karl Altheim. Wiesbaden 1950, S. 37–38.

selbst Vittoria Aganoor (gestorben 1910 in Rom) noch viel eher.) Auch ist mir etwa von dort, vom Italiänischen her, das Wort Natur lieb und jener Landschaft, sowie meinen innerlichen Ausdehnungen, ziemlich entsprechend; ich höre es immer ein wenig mit jenem zweiten a, das es recht großmüthig macht; aber ich stelle mir vor, daß es, deutsch aufgefaßt, wie eine Übersetzung des fühlbaren Begriffs, sich einstellen mag, nicht wie sein eigentlich angeborener Ausdruck. (Obwohl Dürer das Fremdwort uns unendlich angeeignet haben müßte.)[23]

Neben dem deutlichen Interesse am Klang des fremdsprachigen Worts ist erkennbar, dass Rilke eine gefühlsmäßige Bindung an diese Sprache hat, darüber hinaus aber auch eine innere Entsprechung wahrnimmt, die er beim deutschen Wort «Natur» nicht fühlt, obwohl er um die Tradition der Begriffsbildung weiß (Albrecht Dürer!) und sie schätzt.

Sein gespanntes Suchen nach sprachlichen Äquivalenten war schon einige Tage zuvor, während eines Besuchs beim Schriftsteller André Gide, mit dem er befreundet war, deutlich geworden. André Gide hielt in seinem Tagebuch unter dem 27. Januar 1914 fest:

> Rainer Maria Rilke est venu, hier matin (26 janvier 1914), me soumettre quelques passages de sa traduction de mon *Enfant prodigue* qui ne le laissaient pas satisfait.
>
> J'ai eu plaisir à revoir sa délicate figure. Je sais lire à présent, à travers l'inéloquence des traits, la pureté, la sensibilité de son âme. Heureux de trouver dans ma biblio-

---

[23] Rainer Maria Rilke – Eva Cassirer: Briefwechsel. Herausgegeben und kommentiert von Sigrid Bauschinger. Göttingen 2009, S. 89–90.

thèque le grand dictionnaire de Grimm,[24] il l'ouvrit à l'article *Hand* et se plongea dans une patiente recherche où je l'abandonnai quelque temps. S'amusant à traduire quelques sonnets de Michel-Ange, il m'a raconté son embarras devant le mot *palma* et sa surprise de s'apercevoir que la langue allemande avait bien un mot pour désigner le dos de la main, mais aucun pour en désigner l'intérieur.

– Tout au plus, peut-on dire *Handflächen*: la plaine de la main. L'intérieur de la main, une plaine! s'écria-t-il. Par contre, *Handrücken* est d'emploi constant. Ainsi, ce qu'ils considèrent, c'est le dos de la main, cette surface sans intérêt, sans personnalité, sans sensualité, sans douceur, cette surface qui s'oppose, de préférence à la paume tiède, caressante, douce, où se raconte tout le mystère de l'individu!

A force de fouiller dans le Grimm, il découvrit enfin le mot: *Handteller*,[25] avec quelques exemples empruntés au XVIe siècle.

– Mais, disait-il, c'est la paume d'une main qui se tend pour quêter, pour mendier, qui fait office de sébile. Quel aveu dans cette insuffisance de notre langue![26]

---

24 Dass Rilke in seiner Pariser Zeit häufig das ‹Deutsche Wörterbuch› von Jakob und Wilhelm Grimm benutzte, um seinen Sprachschatz zu erweitern, erwähnt der Dichter auch an anderer Stelle.
25 HANDTELLER. In: Deutsches Wörterbuch, Bd. 4, 2. Abt., Sp. 420. Rilke zitiert aus dem Artikel den Beleg nach E. T. A. Hoffmann.
26 Rainer Maria Rilke – André Gide: Correspondance 1909–1926. Introduction et Commentaires par Renée Lang. Paris 1952, S. 87. Ü (C. E.): Rainer Maria Rilke ist gestern Morgen (26. Januar 1914) zu mir gekommen, um mir einige Passagen seiner Übersetzung meines *Verlorenen Sohnes* vorzulegen, die ihn noch nicht zufriedenstellten. / Es freute mich, seine zierliche Gestalt wiederzusehen. Ich bin jetzt imstande, hinter den nicht immer sprechenden Zügen die Reinheit und Feinfühligkeit seiner Seele wahrzunehmen. Er war froh, in meiner Bibliothek das große Wörterbuch von Grimm vorzufinden. Als er es beim Eintrag *Hand* öffnete, überließ ich ihn eine Zeitlang seiner forschenden Lektüre. Beim Übertragen von Michelangelo-Sonetten hatte ihn, wie er mir erzählte, das Wort *palma* in

Dies sieht ganz nach einem Fachsimpeln in einer Schriftsteller-Werkstatt aus, doch war die Diskussion nicht sehr ertragreich. André Gide hatte Rilke ‹Le retour de l'enfant prodigue› (1907) überlassen. Dessen deutsche Übersetzung entstand Ende November 1913 in Paris und wurde Ende Januar 1914 redigiert. In Gides Originaltext ist nur einmal eine markante ‹Hand›-Passage zu finden: «Il tombe et couvre de ses mains son visage, car il a honte de sa honte.» Rilke übersetzte: «Er fällt und bedeckt mit den Händen sein Gesicht, denn er schämt sich für seine Scham.» Sicher sind im Original Handflächen gemeint, wenn auch nicht ausdrücklich benannt. Gide bleibt bei «ses mains». Hier sind Vergleiche möglich, denn Rilkes ‹Michelangelo›-Übertragungen entstanden 1912/1913. Darin taucht «palma» nur einmal auf: «l'una e l'altra palma». Rilke übersetzte: «beide deine Hände» und setzte nicht die nach dem Gide-Gespräch zu erwartende Präzisierung durch.

Erkennbar wird in Gides Tagebucheintrag die bemerkenswerte sprachliche Akribie und Sensibilität Rilkes, auch sein Gespür für die Möglichkeiten einer fremden Sprache beim Ausdruck seiner Vorstellungen.[27] Das französische ‹paume› wie das italienische ‹palma› sind für ihn die wahren Äquivalente, während die deutschen Begriffe ‹Handfläche› und ‹Handteller› nur Ver-

---

Verlegenheit gebracht. Überrascht stellte er fest, dass die deutsche Sprache zwar ein Wort für den Handrücken hat, aber keines für das Handinnere. / – Man kann höchstens *Handfläche* dazu sagen. Das Handinnere: eine Fläche! rief er aus. Das Wort *Handrücken* hingegen wird im Deutschen ständig gebraucht. Das Augenmerk gilt also einer belanglosen, unpersönlichen Fläche, die, weder zart noch sinnlich, dem warmen, streichelnden, sanften Handinneren gegenüberliegt und damit auch dem Geheimnis der Person, das sich darin offenbart! / Nach einiger Suche im Grimm fand Rilke das Wort *Handteller*, mit Beispielen aus dem 16. Jahrhundert. / – Den Handteller hält man doch hin, um Almosen zu erbetteln, meinte er, er dient nur als Schale. Welch ein Armutszeugnis für unsere Sprache!

27 Vgl. Friedrich Sieburg: Verloren ist kein Wort. Disputationen mit fortgeschrittenen Lesern (1957). München 1969, S. 49–50.

legenheitslösungen sind. Auch die dahinterstehenden semantischen Felder werden kritisch befragt. Diese von André Gide penibel notierte, aber hier noch nicht bewertete (wenig sachkundige) Sprachkritik Rilkes bleibt also im Kontext dieser beiden befreundeten Autoren und wechselseitigen Übersetzer. Gide hatte 1911 für die ‹Nouvelle Revue Française› genau das Kapitel aus dem ‹Malte›-Roman übersetzt, das ein okkultes Erlebnis aus der Kindheit des Helden enthält. Der Knabe ergreift da eine unerklärliche gespreizte Hand, die ihm unter einem Tisch aus der Wand «entgegenkam». Die merkwürdige Begebenheit wird von Malte selbst als die Erzählung von der ‹Hand› angekündigt, Gide übersetzte: «je voulais raconter *la main*.»[28] Man glaubt zu verstehen, dass hinter dem Gespräch eine intensive Beschäftigung beider Autoren mit dem Doppelbegriff ‹Hand / main› steht; allerdings ist im ‹Malte›-Kapitel nichts von ‹Handfläche oder ‹paume› zu lesen.

Acht Jahre später wird Rilkes Sprachkritik auf eine andere Diskursebene gehoben.[29] «Welch ein Armutszeugnis für unsere Sprache!», dieser Ausruf des Dichters geriet nun in einen anderen, deutlich politischeren Kontext. Das erste Nachkriegsheft der ‹Nouvelle Revue Française› (NRF) erschien im Juni 1919, eröffnet von einem Leitsatz des neuen Redakteurs Jacques Rivière: «La Nouvelle Revue Française rompt aujourd'hui le long silence auquel la guerre, en dispersant dès le premier jour ses collaborateurs, l'a forcée.»[30] Die neue Ausgabe ist als Konfrontation anzusehen. Jacques Rivière hatte soeben sein Bekenntnisbuch

---

28 Rainer Maria Rilke: Les cahiers de Malte Laurids Brigge. In: La Nouvelle Revue Française. 3. Jg. Nr. 21 (1. Juli 1911) S. 45.
29 Vgl. Raimund Theis: Auf der Suche nach dem besten Frankreich. Zum Briefwechsel von Ernst Robert Curtius mit André Gide und Charles Du Bos. Frankfurt am Main 1984, S. 24–28.
30 Ü (C.E.): Die ‹Nouvelle Revue Française› beendet heute das lange Schweigen, zu welchem der Krieg sie gezwungen hat; ihre Mitarbeiter waren vom ersten Tag an in alle Winde zerstreut.

‹L'Allemand› (1918) veröffentlicht, das die Bewältigung seiner Erfahrungen in deutschen Kriegsgefangenenlagern darstellt und ein Versuch ist, den Typus des ‹Deutschen› zu umreißen. André Gide entgegnet mit ‹Réflexions›, einem offenen Brief an den Redakteur. In diesem Aufsatz wehrt sich Gide vehement dagegen, dass alle negativen Erfahrungen im Feindesland, die Rivière analysiert hat, als Charaktereigenschaften allein des ‹Deutschen› identifiziert werden. Er verweist darauf, dass sich Ähnliches auch bei allen anderen westlichen Völkern finden lässt. In diesem Zusammenhang zitiert er nun öffentlich seine Stelle aus dem Tagebuch von 1914 mit Rilkes Sprach-Überlegungen. Im Argumentationsrahmen des Offenen Briefs kommentiert Gide: «Une fois de plus, je pouvais constater l'irritation si révélatrice d'un écrivain allemand contre sa propre langue; irritation que j'ai déjà notée par ailleurs et que je ne sache pas qu'aucun écrivain d'aucun autre pays ait jamais connue.»[31]

Gide verband diese eigene Erfahrung mit einer Anekdote; er habe die Tagebuchstelle im zweiten Kriegsjahr (1915) einer frankophilen Dänin unter seinen Freunden vorgelesen. Deren Reaktion lässt er direkt in sein Schreiben einfließen:

> Aber wir haben das Wort auch nicht und auch keine der skandinavischen Sprachen hat es,[32] es gibt kein besonderes Wort, das die Innenseite [paume] der Hand bezeichnet. Die philologischen Bemerkungen von Rilke, von denen

---

31 André Gide: [Lettre ouverte] à Jacques Rivière. In: La Nouvelle Revue Française. 6. Jg. Nr. 69 (Nouvelle série 1. Juni 1919) S. 124. Ü (C. E.): Wieder einmal bemerkte ich hier die so typische Gereiztheit deutscher Schriftsteller gegenüber ihrer eigenen Sprache; eine Gereiztheit, die mir schon früher aufgefallen war. Sie ist mir noch bei keinem einzigen Schriftsteller anderer Herkunft begegnet.
32 Üblicherweise wird ‹paume de la main› im Dänischen mit ‹håndfladen›, im Schwedischen mit ‹handflatan› und Norwegischen mit ‹håndflaten› übersetzt, was dem deutschen ‹Handfläche› entspricht.

Sie berichten, sind in der Tat erhellend, aber beachten Sie, dass die Schlüsse, die Sie daraus ziehen, über das deutsche Volk[33] hinausgehen, und wenn Sie beabsichtigen sollten, sie als Waffe zu gebrauchen, werden Sie mit einem Schlag viele echte Freunde verletzen.[34]

Wenn Gide diese Argumentation zitiert, ist seine Absicht klar. Er ist gegen pauschale Urteile, selbst wenn der Weg zu ihnen von einem Vorkriegsfreund wie Rilke geebnet ist. Gide weiß aber auch, wie heiß das Thema ‹Deutschland› in einer französischen Öffentlichkeit ist, die sich der Differenzierung und dem Dialog verweigert. Insofern ist der Rekurs auf sein Vorkriegstagebuch ein kluger Schachzug – und das Vorschicken einer passenden anderen Person ein gutes Argument. Gides dänische Freundin, von der hier die Rede ist, war Agnès Copeau.[35] Gide war neben Copeau einer der Gründer und Hauptförderer der NRF und Rivière der aktuelle Redakteur, um dessen (und nicht nur dessen) beschränkte Perspektive es geht. Rilkes in ganz anderem Kontext gepflegte Kontroverse um ‹Handfläche› und ‹paume› ist ein Baustein in diesem (kultur-)politischen Disput, bei dem Gide auf eine Öffnung der verfestigten Perspektiven dringt. Die Zeiten waren dem Versuch nicht günstig. Gide greift daher zu einer salvatorischen Klausel, die auf Rilke danach noch öfter angewendet wird:[36]

Als sich Rilke im Oktober 1920 für eine Woche (wieder) in Paris aufhielt, sandte er von seinem Hotel aus freundliche Zeilen

---

33 La race allemande.
34 Wie Anm. 31, S. 124–125 (Ü: E. U.).
35 Agnès Copeau, geb. Thomson (1872–1950), in Dänemark geboren, Studentin bei Georg Brandes, traf 1896 in Paris Jacques Copeau und heiratete ihn 1902. Sie übersetzte Henrik Ibsens ‹Rosmersholm› ins Französische. Vgl. La Nouvelle Revue Française. Nr. 57 (September 1913) S. 483–486.
36 Rilke hatte im Sommer 1920 einen Pass erhalten, der ihn als tschechoslowakischen Staatsbürger auswies.

an den Freund. Mit über drei Monaten Verspätung dankte dieser (weil er angeblich keine Adresse hatte) für die Grüße und fügte hinzu:

> Je pense que des raisons de discrétion vous ont retenu de venir sonner à ma porte – et tout à la fois je vous ai su gré de votre réserve, et j'ai déploré de n'avoir pu, par mon accueil, vous témoigner les sentiments cordiaux que je vous garde.[37]

Das ist eine starke Verklausulierung: Gide hatte Rilke in dieser Pariser Oktoberwoche 1920 weder die Hand geben noch ihn sehen wollen. Rilke war fast inkognito in der Stadt gewesen, die sich gerade anschickte, unter dem Triumphbogen das Grabmal des unbekannten Soldaten zu errichten (11. November 1920). In dieser Zeit war ein deutscher Besucher in Paris nicht willkommen, Gide wollte sich offensichtlich keiner solchen Situation aussetzen. Von den Pariser Freunden der Vorkriegszeit besuchte Rilke nur Charles Vildrac und die polnische Cembalistin Wanda Landowska.

Vier Jahre später ist die Situation eine andere. 1922 hatte der junge österreichische Aristokrat Karl Anton Rohan begonnen, einen übernationalen ‹Kulturbund› als Netzwerk zu spinnen, das v.a. für die deutsch-französische Verständigung sorgen sollte. Einige Rilke-Vertraute waren einbezogen, z.B. die luxemburgische Industriellen-Gattin Aline Mayrisch, die schon 1911 die ‹Malte›-Übersetzung in der ‹NRF› eingeleitet hatte. In Paris

---

[37] Gide wohnte damals in der Avenue des Sycomores 18, im westlichen Stadtteil Auteuil (16. Arrondissement). Ü (C.E.): Ich nehme an, dass Gründe der Diskretion Sie davon abgehalten haben, an meiner Tür zu klingeln. Ich wusste Ihnen Dank für Ihre Zurückhaltung, bedauerte aber zugleich, dass ich Ihnen ohne den Empfang bei mir nicht die herzlichen Gefühle bezeugen konnte, die ich weiterhin für Sie hege.

bildete sich die ‹Union Intellectuelle Française›, die sich mit monatlichen Gesprächen in den Räumen der Carnegie Foundation engagierte. Rilke war im Januar 1925 wohl der erste Gast dieser Reihe. Im Brief an den Wiener Diplomaten und Schriftsteller Paul Thun-Hohenstein berichtete er über einen freundlichen Empfang. Rilke wurde in diesem ‹Club› von Karl Anton Rohan als Mittler zwischen Frankreich und dem kulturellen Deutschland begriffen. Als solcher wurde er für das erste Heft der ‹Europäischen Revue› eingeladen und um lyrische Beiträge gebeten. Rilke schickte drei Gedichte – darunter auch ‹Handinneres› – und begründete diese Auswahl dem Herausgeber Thun-Hohenstein gegenüber:

> Ihre Art möchte, denk ich, dem Geiste der bevorstehenden Revue nicht unangemessen sein. Immer mehr wird mir klar, daß es sich für uns alle darum handeln wird, den europäischen Geist aus seinen noch kaum je erkannten oder gar zusammenge[füg]ten Voraussetzungen herauszustellen; nun hat zwar die Absicht an meinen Leistungen immer den geringsten Antheil gehabt, aber jene Einsicht kommt mir aus so gründlichen inneren Quellen, daß ich fast sicher bin, ihr auch unwillkürlich irgendwie bekenntnishaft zu dienen.[38]

In diesem Jahr war auch Gides Tagebuch-Notiz aus der NRF von 1919 im Sammelband ‹Incidences› wieder aufgelegt und damit das ‹Handfläche / paume›-Thema aktualisiert worden. Hinzu kam eine weitere politische Pointe. Schon 1919 hatte Gide eine kommentierende Bemerkung in Parenthese gesetzt und mit ihr den Auszug abgeschlossen:

---

[38] Rilke an Thun-Hohenstein, Februar 1925. Rainer Maria Rilke: Briefe zur Politik, S. 442.

(Il est bon de noter ici que Rainer Maria Rilke, un des plus grands poètes de l'Allemagne actuelle, est de race tchèque.)[39]

Die Zuordnung zur ‹race tchèque› war für das französische Publikum bestimmt.[40] Mit den Verhandlungen zum Friedensvertrag von Saint-Germain wurde das Thema der Prager Zugehörigkeit brisant. Rilke reiste 1925 mit tschechoslowakischem Pass und wurde somit weder als deutscher noch als österreichischer Staatsbürger angesehen. 1919 war der Verweis auf ‹race tchèque› ein politisches Statement zugunsten der gerade erst etablierten osteuropäischen Republik gewesen, Rilke damit auch als Person aus dem damals virulenten Konflikt genommen. Gide, der Rilke auch persönlich gut kannte, benutzte hier keineswegs ein rassistisches Argument. Erstaunlich bleibt, dass er beim Wiederabdruck (1924) in einer geänderten Situation den Passus nicht wegfallen ließ.[41]

---

[39] André Gide: Lettre à Jacques Rivière, S. 124. Ü (C. E.): (Hier ist anzumerken, dass Rainer Maria Rilke, einer der größten Dichter des heutigen Deutschland, der tschechischen Nation angehört.)
[40] Rudolf Kassner zeigte sich empört über den Passus. Den Vorgang selbst schreibt er einem Brief Rilkes an Gide zu und konzediert Rohan: «Gewiß liegt die Schönheit und der Wert der deutschen Sprache auf einem anderen Gebiete [als dem Sinnlich-Plastischen]: in den Übergängen vom Sinnlichen ins Seelisch-Geistige, im Grenzhaft-Schweifenden der Worte, in einer gewissen Neigung zum Pathetischen.» Rudolf Kassner: Rainer Maria Rilke. Zum zwanzigsten Todestag. In: Rudolf Kassner: Sämtliche Werke. Im Auftrag der Rudolf-Kassner-Gesellschaft herausgegeben von Ernst Zinn und Klaus E. Bohnenkamp. Bd. 9. Pfullingen 1990, S. 395–396 und S. 940 (Kommentar).
[41] Vgl. Gerald Chapple: «Diese drei Jahre München»: Rudolf Kassner Writes to Rilke. In: Modern Austrian Literature. Bd. 15 (1982) S. 234 Anm. 30 und den heftigen Ausfall gegen Rilke von Richard Schaukal: Zwei Selbstbildnisse in einem Rahmen. In: Deutsches Volkstum. Eine Monatsschrift. H. 1 (1930) S. 357–360. Schaukal, der bis 1908 mit Rilke bekannt gewesen ist, diskutiert hier auch ‹Handinneres› und ‹Paume›.

Handinneres

Die Segnungen des Internets haben ein Bild der Handschrift (vermutlich der Reinschrift für den Druck)[42] zugänglich gemacht. Es entspricht in allen Details dem Erstdruck in der Europäischen Revue, ist Teil des ersten Hefts, das im April 1925 – während Rilkes Aufenthalt in Paris – erscheint. Am Fuß des Blatts stehen die Bemerkungen für den Setzer und Korrektor, v. a. der Hinweis, dass die Kleinschreibung am Zeilenanfang genau zu beachten ist. Rilke will also den Satzduktus bewahrt wissen. Die moderate Zeilenlänge des Gedichts erlaubt auch eine fast diplomatische Übertragung des Schriftbilds. Nur bei den Großbuchstaben der Gedichtüberschrift weicht der Druck davon ab. Als man beim ersten Buchstaben der ersten Zeile in Zweifel ist, fragt der Herausgeber eigens bei Rilke an, ob er mit einer Verkleinerung der Initiale einverstanden sei. Im Layout sieht man vom zweispaltigen Satzspiegel ab, erhöht den Zeilendurchschuss und wählt eine kursive Type für die Doppelseite mit drei Rilke-Gedichten (I. ‹Handinneres›, II. ‹Nacht. O du in Tiefe gelöstes / Gesicht›, III. ‹Schwerkraft›). Man erweist dem berühmten Autor erkennbar Respekt.

Die ersten beiden Gedichte sind Anfang (1.–3.) Oktober 1924 entstanden, im Anschluss an die Übersetzung von Paul Valérys ‹Eupalinos›, ‹Schwerkraft› mit kurzem Abstand danach (5. Oktober 1924). Die Forschung zu ‹Handinneres› hat vor allem das Sprachproblem ‹Handfläche / paume› zum Thema.[43]

---

[42] Erkennbar an der römischen Ziffer, die so auch im Erstdruck erscheint.
[43] Vgl. Hartmut Engelhardt: Der Versuch wirklich zu sein. Zu Rilkes sachlichem Sagen. Frankfurt am Main 1973, S. 104–106. Silke Pasewalck: «Die fünffingrige Hand». Die Bedeutung der sinnlichen Wahrnehmung beim späten Rilke. Berlin 2002, S. 115–116. Harald Weinrich: Sprache, das heißt Sprachen. 3. Auflage Tübingen 2006, S. 164–167. Siehe auch den Kommentar von Ulrich Fülleborn, KA 2, S. 842–843.

Das Gedicht ist der Hymnenform angenähert, es ist reimlos, enthält freirhythmische Verse. Das nichtstrophige Gedicht besitzt 14 Verszeilen, vom Umfang her ist die Folie des Sonetts noch wirksam, eine Gedichtform, die auf einen Zielpunkt der Aussage, die Schlussteile hin ausgerichtet ist: «sie anfüllt mit Ankunft». Freilich fehlt die Silhouette der beiden Vierzeiler und Dreizeiler. Nicht einmal durch syntaktische Einheiten wird sie markiert.[44]

Die Zeilenlänge ist sehr unterschiedlich. Die beiden Anfangsverse haben 5 Takte, diese Vorgabe wird aber schnell gestört durch den Wechsel von 2 und 4 Takten in der Zeile, um dann in der zweiten Hälfte zu 2 und 3 betonten Silben überzugehen. Die fünftaktige Zeile des deutschen Sonetts, die Rilke noch kurz zuvor in den ‹Orpheus›-Gedichten exerziert hatte, kann hier nur als vage Referenz dienen.[45]

Auffällig ist bis zur 9. Zeile hin der Versbeginn mit einer betonten Silbe (Trochäus), damit ist der Einsatz akzentuiert. Dies ist umso spürbarer, als häufig die vorhergehende Zeile mit einem betonten Taktteil abschließt, es also im Übergang zu einer ‹harten› metrischen Fügung kommt. Die letzten 4 Zeilen des Gedichts sind am Versanfang variabler, da man auch inhaltlich zu «anderen Händen» übergeht.

Zu Beginn aber ist es ein starker Auftritt. Die Betonungen sind hart gesetzt, bevor sich ein sicheres Metrum bilden kann: «Innres der Hand. Sohle, die nicht mehr geht», das die Synkope der zweiten Silbe aber zumindest erwarten lässt.

Die Taktfüllungen sind unterschiedlich, Spaltung der Senkung tritt öfter auf, gelegentlich fehlen unbetonte Taktteile. Diese Freiheit des Metrums gehört mit der Reimlosigkeit zu den

---

[44] Wenn man großzügig ist, kann man im Arrangement der beiden Schlusszeilen das ‹couplet› des englischen Sonetts erkennen.
[45] Auch die irregulären kurzen Sonettzeilen bei Verlaine und Mallarmé wird man nicht als Vorbild heranziehen wollen.

Gattungsmerkmalen des Hymnus; beide sind typisch für die Zeit nach den ‹Neuen Gedichten›, als Rilke Klopstocks und Goethes Hymnen entdeckt und durch Norbert von Hellingrath auf Hölderlin hingewiesen wird. Ein deutlich gehobener Sprachstil begleitet diese formale Veränderung in Rilkes Lyrik. Zugleich tritt das lyrische Ich zurück, der Sprecher der Verse ist nicht identifizierbar. Trotzdem entsteht von Anfang an ein «magisch beschwörender» (Fülleborn) Eindruck, ein ‹evokativer Einsatz›.[46] Dieser ist begleitet von syntaktischen Verschränkungen in mehrfach gereihten Relativsatzfügungen, dazu kommen – gleich am Anfang – elliptische Konstruktionen.

Auf der Inhaltsseite könnte man sich noch auf der Ebene der ‹Dinggedichte› wähnen. Schon der Titel gibt ein solches Thema, ein Objekt an. ‹Handinneres› ist Rilkes Neologismus. Diese Fügung ist vor ihm in der deutschen Sprache nicht nachzuweisen. Sie könnte auf die Diskussion mit André Gide (1914) zurückgehen. Der erste zur Genitivfügung verkürzte Satz bietet eine Erläuterung, kann aber den in der Überschrift signalisierten Begriff nicht liefern, da ihn die deutsche Sprache nicht bereithält. Freilich scheint Rilke weder das neologistische ‹Handinneres› noch die nachgeschobene Fügung ‹Innres der Hand› als Ausgangspunkt für das Gedicht auszureichen. Mit «Sohle» schiebt er das anatomische Gegenstück aus dem Wortfeld menschlicher Gliedmaßen nach, auf die *palma manus* folgt die erdverbundene *planta pedis*. Die Anwendung auf das Handinnere ist nicht geläufig, d. h. nicht konventionalisiert. «Sohle» ist als Innenseite des Fußes im Repertoire. Rilke markiert die Stelle deutlich und mehrfach:

– Das Wort steht unmittelbar nach einer Zäsur in der Verszeile,
– es steht nach einer betonten Silbe und beginnt selbst mit einer betonten Silbe, eine Kollision von ‹Hebungen›,

---

[46] Vgl. den Kommentar KA 2, S. 842, auch S. 768.

- das (unflektierte) Nomen ersetzt einen Hauptsatz, der lauten müsste: [«das ist die Sohle»],
- von ihm sind 7 (oft getarnte oder elliptische) Relativsätze abhängig.

Damit ist «Sohle» zum Haupt-Wort des Gedichts geworden, allerdings ist das erst am Ende des Gedichts erkennbar, mit dem letzten relativen Anschluss, dem kein weiterer Satz (Hauptsatz) mehr folgt.

Die Eigenschaften dieser ‹Sohle› sind mit den Relativsätzen ausgedrückt. Sie benutzen die dazugehörigen Bewegungsverben (gehen, wandeln, auftreten, wandern, ankommen), entfernen sich etwas, freilich nicht ganz, von der konkreten Anschauung der Fußsohle und konstruieren in ihrer Gesamtheit die nun Rilke'sche Metapher (Chiffre) ‹Sohle›, die für das ‹Handinnere› steht. Harald Weinrich spricht von einer «kühnen Metapher».[47] Zieht man den Kontext der Rilke'schen Sprachkritik heran, sind Ursache, Genese und Mechanik der Metaphernbildung in einem poetischen Verfahren zu erkennen. Das Fehlen des lyrischen Ichs vermeidet die Zuordnung zu einer (diskutierbaren) Einzelperson oder Kunstfigur und erhebt allgemeinen Anspruch. Der gehobene Sprachstil, das lyrische Register ‹Hymnus›, verlangt divinatorische Geltung. Das Wort, das Rilke in der normalen deutschen Sprache fehlte, für das «Sohle» zwar den markanten Platzhalter abgab, ohne selbst eine ausreichende poetische Metapher zu sein, wurde durch Relationen (Relativsätze oder ihnen ähnliche Konstruktionen mit eigenen Bildern) poetisiert, ohne genannt zu werden. Rilkes ‹Arbeit› ist hier das Füllen der ‹Leerstelle› der Sprache durch ein poetisches Verfahren, für das ihm die sprachlichen und literarischen Formen des Deutschen geeignete Tools zur Verfügung stellen.

---

47 Harald Weinrich: Sprache, das heißt Sprachen, S. 165.

‹Sohle› ist kein bloßes Äquivalent zu ‹Handfläche›. Die Ausrichtung der Sohle geht nach unten, zum Boden, die offene Handfläche blickt nach oben.[48] Rilke kann diesen Widerspruch im Bild nur notdürftig und mit jeweils eigenen Anläufen (in Relativsätzen) bewältigen. Nicht immer gelingt dies in der gewählten Bildwelt: Denn mit einer ‹Sohle› kann man kein Wasser schöpfen. Aber schon die erste Zeile hat verkündet: Eine Sohle, die nicht mehr geht, hat ihre konkrete Funktion verloren. Rilke weist ihr einen neuen Anschluss zu: das Gefühl.

Wird damit auf Dichtung verwiesen? Denkbar ist es, denn der Himmel mit seinen wandelnden Konstellationen ist seit Mallarmé das Symbol der Poesie. Die Handfläche als Spiegel bei Rilke, als Ort der Verwandlung in Dichtung, in Schöpfung – das wäre eine vage Möglichkeit. Es ist nicht die letzte im Gedicht, denn das Handinnere hat die Fähigkeit, eine andere Handfläche zu ergreifen, auf sie zuzukommen. Der Wechsel in eine andere Handfläche ist nicht nur ein Händedruck, sondern – poetologisch gesehen – die Ankunft in einer anderen poetischen Welt. Das weichere, ausgeglichenere Metrum der letzten Gedichtzeilen deutet diese Sehnsucht an.

Rätus Luck hat darauf hingewiesen, dass in die ‹Vergers›-Gedichte zwei Denkmuster eingehen, zum einen die «postulierte ‹sainte loi du contraste›», also das heilige Gesetz des Kontrastes,

---

48 Das Gedicht ‹beweist› zugleich, wenn es eines Beweises bedurfte, dass die nach oben gewendete Handfläche nicht nur profaner ‹Handteller› oder Bettelschale ist, wie Rilke im Gespräch mit Gide aus primär übersetzerischen Gründen beklagt, sie kann bei ihm sogar zur priesterlichen Geste werden, wenn er in den ‹Quatrains Valaisans› das Wallis, dieses «Pays arrêté à mi-chemin / entre le ciel et la terre», mit einer Opfergabe vergleicht, die man zu empfangenden Händen emporhebt: «comme une offrande levée / vers d'accueillantes main». In ‹Handinneres› empfängt die Handfläche «himmlische Straßen», als «doux lit froissé» wird sie im ‹Paume›-Gedicht zum sanften Lager schlafender Sterne.

zum andern die «ordres complémentaires», die komplementären Ordnungen.[49]

Dieses poetologische Modell kann zum ‹Doppelgedicht› führen, das im jeweils einzelnen Gedicht uneingelöste Ansprüche in einer Gesamtsicht zu präsentieren vermag.

Paume

Dieser Gedanke führt zur Suche nach dem komplementären Gedicht, das nicht wie bei ‹Füllhorn / Corne d'abondance› und ‹Der Magier / Le Magicien› in unmittelbarem Anschluss entstanden ist. Mit der Datierung Ernst Zinns ‹Januar 1925› konnte das ‹Paume›-Gedicht auf Rilkes Zeitachse angesiedelt werden, doch der unmittelbare Kontext der Entstehung fehlte. Rilke hielt sich zu dieser Zeit in Paris auf, war aber – wie Annette Kolb meinte – als eine Art von Baladine Klossowska eingefangener Salonlöwe ständig mit Verpflichtungen und Begegnungen überladen. Einige junge französische Autoren lernten ihn bei solchen Gesellschaften näher kennen. Der Publizist Jacques Benoist-Méchin (1901–1983) berichtet über die erste Begegnung im Februar 1925 im folgenden Jahr:

> Rilke évoque la paume de la main. Son œuvre en a la tiédeur charnelle, et cette manière de se refermer sur sa possession qui ne donne que plus de prix à ce qu'elle nous en cède. Il a écrit sur les mains des pages admirables. On sent qu'il les aime, qu'elles sont pour lui un instrument de connaissance et de plaisir à la fois. Mais il n'oublie pas que la main sert aussi à exprimer toutes les formes de l'amitié et

---

[49] Rätus Luck: Ein paar Blätter von Rilkes Rosen, S. 59.

de la prière, que c'est de ses mains, peut-être, que l'homme détient quelques-unes de ses vérités les plus profondes et les plus stables.[50]

Die persönliche Erfahrung mit dem Dichter und vielleicht schon die Kenntnis des ‹Paume›-Gedichts könnten sich in dieser Charakteristik überlagern.

Nur wenige Gedichte sind im ersten Halbjahr 1925 in Paris entstanden, alle in französischer Sprache. Rilke suchte auch einen Ort für die Publikation. Die ‹Europäische Revue› von Thun-Hohenstein schien ihm geeignet, doch seien die äußeren Hürden zu groß, wie er dem Wiener Chefredakteur mitteilte:

> Wären fremdsprachige Zeilen verstattet gewesen, so hätte ich mir diesmal die Freude erlaubt, ein paar französische Gedichte (spontan französische, die keinen deutschen Gegenwerth in mir haben) zur Verfügung zu stellen; eine starke innere Strömung hat mich in dieses Wagnis hineingerissen, so weit, daß nun ein ganzer Band handschriftlich vorliegt.[51]

---

[50] Jacques Benoist-Méchin: Lettre sur Rilke. In: Les cahiers du mois. Reconnaissance à Rilke. Bd. 23/24 (1926) S. 49–50. Ü (C. E.): Rilke ruft das Bild der Handfläche auf. Sein Werk hat deren fleischliche Wärme und jene Art, sich wieder über ihrem Besitz zu schließen, die nur kostbarer macht, was sie davon preisgibt. Er hat über Hände wunderbare Seiten geschrieben. Man spürt, dass er sie liebt, dass sie für ihn Mittel der Erkenntnis und der Freude zugleich sind. Er vergisst dabei nicht, dass die Hand auch allen Formen der Freundschaft und des Gebetes zum Ausdruck verhilft und dass der Mensch aus seinen Händen wohl einige der tiefsten und beständigsten Wahrheiten empfängt. – Zu Rilkes Begegnung mit Benoist-Méchin vgl. Curdin Ebneter, Erich Unglaub (Hg.): Erinnerungen an Rainer Maria Rilke. Texte von Augenzeugen. Bd. 3. Wädenswil 2022, S. 1050.
[51] Rainer Maria Rilke: Briefe zur Politik, S. 442–443.

Thun-Hohenstein konnte aber nur die deutsche Version ‹Handinneres› in der April-Nummer der Zeitschrift unterbringen und antwortete mit Sympathie für eine französische Version:

> Wie verstehe ich doch die starke Versuchung, in dieser Sprache zu dichten, die Ihnen längst zweite Muttersprache geworden ist.[52]

Als ‹frankophoner› Dichter wollte Rilke nun auch akzeptiert werden, da er in der ambitionierten Zeitschrift seines Freundes Paul Valéry erstmals mit drei französischen Gedichten vertreten war – allerdings hatte der Redakteur Valery Larbaud dem Namen des Autors mit «Rilkie» einen eklatanten Druckfehler beigegeben. Rilke verschenkte vom Heft mit seinen Versen zahlreiche Exemplare, über deren Kosten er sich wiederholt beklagte. So kann man ab Januar 1924 eine ‹Gabelung› («bifurcation») im Selbstverständnis und auch in der Selbstpräsentation des Dichters annehmen. Verstärkt wird diese Haltung durch seine Mitarbeit an der französischen Übersetzung des ‹Malte› (Maurice Betz) und durch Reaktionen auf seine französischen Gedichte. In diesen Kontext fällt die Entstehung von ‹Paume›. Seit kurzem ist ein Dokument bekannt, das diesen Zusammenhang zu präzisieren vermag. In den (englischen) Memoiren einer russischen Emigrantin, Hélène Iswolsky,[53] heißt es über eine Pariser Freundin:

---

52 Paul Thun-Hohenstein an Rainer Maria Rilke, 8. März 1925. Klaus W. Jonas: Rainer Maria Rilke und Paul Thun-Hohenstein. In: Jahrbuch des Wiener Goethe-Vereins. Bd. 79 (1975) S. 93.
53 Hélène Iswolsky (Elena Aleksandrovna Izvol'skaja, 1896–1975), russische Schriftstellerin, Historikerin, Übersetzerin und Dozentin, Tochter Alexander Iswolskys (1856–1919), der unter Zar Nikolaus II. russischer Außenminister war und von 1911 bis 1917 Botschafter in Paris. Nach der deutschen Besetzung Frankreichs wanderte sie 1941 in die USA aus, wo sie 1975 starb.

Rilke hatte sie gebeten, einige Gedichte durchzusehen, die er in französischer Sprache entworfen hatte. Er suchte sie jeweils mit seiner treuen Freundin Maria Klossowska und ihrem jungen Sohn Baltusz, dem [späteren] surrealistischen Maler, in unserer kleinen Wohnung auf. Sie saßen dann stundenlang im Wohnzimmer unter dem Schein der Gaslampen, die beim Anzünden leise zischten. Obwohl der Dichter schon an der Krankheit litt, der er bald erliegen sollte, schien er damals noch guter Dinge und ganz in seine französischen Gedichte vertieft. Ich habe ihn als außergewöhnlich sanftmütig in Erinnerung, träumerisch und selbst in Gegenwart anderer von einem Hauch Einsamkeit umgeben. [...] Der sanfte blauäugige Rainer Maria Rilke, so bescheiden und entspannt [... wirkte er], als ich ihm bei Marguerite Quersaint [sic] begegnet war.[54]

Diese Episode ließ sich zunächst nicht recht zuordnen. Inzwischen sind Briefe bekannt, die eine Marguerite [Quersin][55] ab Mitte Januar 1925 Rilke ins Hotel Foyot geschickt hat. Ab März war die Dame verheiratet und mit ihrem Mann, dem späteren Marineschriftsteller Albert Vulliez, nach Toulon gezogen. Marguerite Quersin stammte aus Brüssel und war 1922 selbst als französische Lyrikerin der jungen Generation in Paris bekannt geworden, vermutlich im Umkreis der Zeitschrift ‹Commerce›. Als im Sommer 1926 Rilkes erste Sammlung von französischen

---

54 Hélène Iswolsky: No Time to Grieve... An Autobiographical Journey from Russia to Paris to New York. Philadelphia 1985, S. 165 und 167. Übersetzung der Zitate: C. E.
55 Sie war angeblich eine exzellente Germanistin. Im Frühjahr 1925 besuchten Baladine Klossowska und ihr Sohn Baltusz das Ehepaar Vulliez-Quersin in ihrem Haus in Toulon. Vgl. Jean Clair: Balthus. 2005, S. 172–174.

Gedichten mit dem Titel ‹Vergers› erschien,[56] schickte Rilke ein Exemplar, worauf sich das Ehepaar Vulliez ausdrücklich und ausführlich mit folgenden Worten bedankte. Marguerite Vulliez (Quersin) schrieb:[57]

> Toulon 10 juillet [19]26.
>
> Muzot! Ah! Que vous êtes trop loin de nous, unis à vous cependant par cette adorable gamme de *Vergers*, par cette Fontaine que nous écoutons avec vous et par votre voix demeurée inoubliablement sur la révélation de toute cette beauté.
>
> Musique fraîche de tous ces «chemins» d'une langue si souple et si française...
>
> La Biche, le Cygne, petite ménagerie de rêve et pourtant si concise et si réelle – Et que dire de vos *Fenêtres* admirables?
>
> Nous pleurons l'absence de *Roses* et de ce beau poème sur les *Objets perdus*... Mais sans doute ne sont-ils que remis jalousement à une édition prochaine...
>
> Personne ne peut aussi totalement changer la vie que vous ne le faites. Vous rendez-vous compte de vos miracles?
>
> Si vous vous rendiez compte, vous viendriez un peu chez nous qui faisons d'une immense nostalgie de vous la joie de vous connaître. Toulon est bien sage et bien bleu et rêve de devenir ce que vous en feriez si vous passiez par là...

---

56 Zum Vergleich mit «Vergers – Anger, bepflanzt mit Obstbäumen» hat der Lektor des Insel-Verlags schon früh Hintergründe publiziert. Vgl. Fritz Adolf Hünich: Eine Stunde mit R.M. Rilke. In: Hamburger Korrespondent, Abendausgabe. 30. Dezember 1926. In: Hans W. Panthel: Materialien zu Rainer Maria Rilkes Tod. Miszellen zur Rezeption seines Werkes der Jahre 1926–1928. Bott 1982, S. 344.

57 Marguerite Vulliez an Rilke, 10. Juli 1926 (unveröffentlicht, Schweizerisches Literaturarchiv, Bern).

Et puis, vous êtes le seul ami que nous soyons sûrs d'aimer autant tous les deux parce que d'une affection sans mesure, d'une admiration sans limite.

Votre pensée pour nous nous a touchés profondément et *Paume* est la plus douce propriété de notre cœur...

Désormais quand j'aurai besoin pour vivre du souvenir d'une vraie joie, je me rappellerai ce cher livre, trouvé le soir, avec quelle surprise enchantée, quel désir de votre présence!

Je ne puis pas vous remercier comme il le faudrait mais croyez-moi très sincèrement à vous.

Marguerite Vulliez[58]

Da das Gedicht ‹Paume› in der Sammlung der ‹Vergers› als Einziges eine Widmung trägt, nämlich «A Mme et M. Albert Vulliez.»,

---

58 Ü (C. E.): Muzot! Ach, wie viel zu fern Sie von uns sind, und doch sind wir mit Ihnen vereint durch die herrliche Tonleiter der ‹Vergers›, jene Fontäne, der wir mit Ihnen lauschen, und Ihre Stimme, die mit der Offenbarung all dieser Schönheit unvergesslich verbunden bleibt. / Frische Musik all dieser «Wege» einer so geschmeidigen und so französischen Sprache. Die Hindin, der Schwan, eine kleine Traum-Menagerie – und dabei so bündig und real. – Und was erst wäre von Ihren bewundernswerten ‹Fenêtres› zu sagen? / Wir bedauern das Fehlen von ‹Les Roses› und jenes schönen Gedichts über verlorene Gegenstände («Objets perdus»)... Wahrscheinlich sind sie ja nur sorgsam für eine nächste Ausgabe aufgespart... / Niemand kann ein Leben so vollkommen verändern, wie Sie es tun. Sind Sie sich Ihrer Wundergaben bewusst? / Wenn Sie's wären, kämen Sie ein wenig zu uns, die wir aus unserer immensen Sehnsucht nach Ihnen die Freude machen, Sie zu kennen. Toulon ist schön brav und schön blau und träumt davon, was aus ihm würde, kämen Sie zu Besuch... / Sie sind übrigens der einzige Freund, den wir beide mit Sicherheit genauso lieben, weil mit einer Zuneigung ohne Maß, einer Bewunderung ohne Grenzen. / Dass Sie an uns dachten [uns bedachten], hat uns tief bewegt, und ‹Paume› ist der süßeste Besitz unserer Herzen. / Wenn ich je, um zu leben, die Erinnerung an wahre Freude brauche, werde ich mir dieses schöne Buch vor Augen halten, das ich abends vorfand, mit welch entzückter Überraschung, welchem Verlangen nach Ihrer Gegenwart! / Ich vermag Ihnen nicht so zu danken, wie man sollte, bitte glauben Sie aber an meine aufrichtigste Verbundenheit. / Marguerite Vulliez

kann man davon ausgehen, dass auch die Entstehung in den Kontext der Redaktion der französischen ‹Vergers›-Gedichte fällt und dass dieses Gedicht in der Pariser Kooperation vom Januar 1925 seine Wurzel hat. Marguerite Vulliez weist in ihrem Brief darauf hin, dass die Sprache «so geschmeidig und so französisch» sei.

Rilke stellt sein Gedicht[59] ganz in die französische Formtradition. Das Quatrain, der Vierzeiler, ist das Grundmodell, es ist – neben dem Sonett – das meistgebrauchte Strophenmuster des französischen Symbolismus. Drei solche Strophen umfasst das Gedicht ‹Paume›. Die rhythmische Struktur zeigt, dass Rilke hier den französischen Weg der Gabelung genommen hat. Zeilenlänge und Satzteile stimmen meist überein, die Übergänge sind fließend, die Sätze ‹richtig›, d. h. regelgerecht, gebaut, ohne die Anhäufung und Verschachtelung durch Relativsätze und Ellipsen. Die Varianz im Metrum ist geringer, die Anzahl der Silben schwankt nur zwischen 6 und 8. Die langen, d. h. betonten Silben liegen mit 3 meist konstant. Endreime gehören zur Ausstattung, in der Anordnung variieren sie allerdings; hervorstechend ist die kunstvolle Verschränkung der Reime der ersten beiden Strophen. Sie bilden damit eine Einheit in der gegenseitigen Bindung (z. B. «ciel – tel – éternel»), die der letzten Strophe die Möglichkeit des emphatischen Aufschwungs eines nun erst – und nur kurz – in Erscheinung tretenden lyrischen Ichs («mes mains») eröffnet.

Die ‹Gabelung› des Doppelgedichts wird schon jeweils in der ersten Zeile erkennbar. Beide Gedichte beginnen mit einer Setzung: «Innres der Hand» und «Paume», die mit einer betonten ersten Silbe markiert ist. Beiden Ansagen wird unmittelbar ein Schlüsselwort beigegeben: «Sohle» aktiviert in den folgenden

---

[59] Zu den Motiven des Gedichts vgl. auch Simone Bigeard: Konkordanz zu den Motivkomplexen in Rainer Maria Rilkes Gedichtzyklus ‹Vergers›. http://www.rilke.ch/wordpress/wp-content/uploads/Konkordanz_Rilke_Vergers_BIGEARD.pdf.

Relativsätzen rhythmisierte Bewegungsbilder, vom Gedanken des Gehens inspiriert. Auf ‹lit› folgen Sternenbilder. Ein solches Bild findet sich auch in der ersten Strophe von ‹Handinneres›, wird aber in der Reihung der Nebensätze schnell abgelöst. Der Schlussteil der Gedichte geht jeweils in die Verdoppelung: Im deutschen Gedicht ist es die Verbindung mit «anderen Händen», also mit anderen Personen, im französischen Gedicht sind es die eigenen Hände. Aus diesen ungleichen Kontexten, die ungleichen Strukturen der Syntax[60] und Metaphernorganisation entsprechen, ebenso der formalen Muster, gelangt man zu durchaus unterschiedlichen Ergebnissen: Im deutschen Gedicht ereignet sich die Ankunft des Handinneren in einer anderen Hand und ihrer Ausfüllung. Im französischen Gedicht stellt sich das Gefühl der Leere und Verlassenheit der beiden eigenen Handflächen ein. Allerdings geht hier die Perspektive nach oben, zu den ehernen Sternen.

Es sind zwei Möglichkeiten der Erfahrung der Handfläche: die Begegnung mit einer anderen Hand, ausgedrückt im Gefühl, und das Studium der eigenen Hand, ihrer Linien und imaginären Bilder, für welche die Sterne ein Muster und eine Gewähr darstellen. Roger Bauer hat diesen Mechanismus auf die Formel gebracht:

> Le choix d'une autre langue, et d'un autre langage poétique, signale donc bien une ‹bifurcation› voire une mutation de l'inspiration: sous les mots autres (et libres des connotations anciennes) affleurent de nouvelles idées, de nouveaux espoirs, peut-être de nouvelles certitudes, au moins entrevues.[61]

---

60 Die Relativsatzfügungen entfernen das nur anfangs erwähnte Bezugswort und die Ausgangsmetapher immer weiter von der aktuellen Aussage. Im französischen Text wird «lit» in jeder Strophe, d. h. in jedem Satz, wiederholt.
61 Roger Bauer: «Un doux vent», S. 337. Ü (C. E.): Die Wahl einer anderen Sprache, dazu noch einer anderen Dichtersprache, ist Anzeichen einer

Für den nachgeborenen Leser ergibt sich eine wichtige Konstellation, die der Basler Literaturkritiker und Übersetzer Martin Zingg grundsätzlich bestimmt hat:

> Die beiden Gedichte zusammen [...] sind das Original, der Urtext, und zwar zusammen. Gemeinsam stiften sie ein Drittes, etwas, was keine Übersetzung kann – ein zweisprachiges Gedicht. Ein Gedicht, das zu beiden Sprachen die gleiche Nähe unterhält und am Ende, so weit das geht, bei sich bleibt, als ein Ganzes. Wer nur das eine Gedicht von zweien liest, – hat bloß die Hälfte von etwas gelesen. Die andere Hälfte relativiert, erweitert, schränkt ein, fällt ins Wort, steuert aus ihrem Sprachhaushalt das bei, was anders und anderswo nicht zu haben ist und nun unentbehrlicher Bestandteil des Gedichtes ist. *Es entsteht eine Spannung zwischen zwei kohabitierenden semantischen Systemen,* die zeigt, wie weit die beiden Sprachen auseinander liegen; Beleg dafür, dass sie gemeinsam vieles sagen können.[62]

Rilke hat dies noch ausgeführt in einem weiteren französischen Gedicht, dem am 1. Mai 1925 als letztes entstandenen Gedicht der ‹Vergers›-Reihe:[63]

> Comment encore reconnaître
> ce que fut la douce vie?
> En contemplant peut-être
> dans ma paume l'imagerie

‹Gabelung›, ja sogar Änderung der Inspiration: Mit den anderen, von hergebrachten Konnotationen freien Wörtern stellen sich neue Vorstellungen ein, neue Hoffnungen, vielleicht auch neue, zumindest erahnte Gewissheiten.
[62] Zitiert nach Rätus Luck: Ein paar Blätter von Rilkes Rosen, S. 59.
[63] KA 5, S. 46. In der Druckausgabe hat das Gedicht die Nr. 32.

de ces lignes et de ces rides
que l'on entretient
en fermant sur le vide
cette main de rien.[64]

Ist die ‹bifurcation› einmal erfolgt, lässt sich an der neuen Linie weiterarbeiten. Für Rilke allerdings scheint dies der Endpunkt gewesen zu sein. Seine ‹paume› ist nunmehr geschlossen.

Der Kontext ist freilich nicht immer so abstrakt formuliert wie in diesen späten Gedichten. In Erinnerung an gerade verabschiedete Liebesnächte schreibt Rilke im Dezember 1918 aus München an seine damalige Geliebte, die spätere Schriftstellerin Claire Goll, die nach Berlin zur gemeinsam verehrten Schauspielerin Elisabeth Bergner gereist war:

> Wenn ich, abends im Dunkel, an ganz gestreckten Armen die flachen Hände öffne, so entsteht oben an ihnen das Gefühl von Deinem spanischen Tuch. Und immer mehr glaub ich, daß dieses Tuch nichts anderes ist, als ein Zauber, in dem eine Berührung Deines Leibes mit einer Nacht sich plötzlich, als ein Geweb, schwermüthig und zärtlich, erhalten hat.[65]

Hier haben wir schon das Setting: die geöffnete flache Hand, den Nachthimmel, den Zauber, das Tuch und Geweb. Textil und Text – auf letzteren liefen bei Rilke alle Kontexte hinaus.

*

[64] Ü (C. E.): Wie noch einmal erkennen, / was das süße Leben war? / Indem ich im Handinneren / vielleicht das Bild betrachte, // das sich aus all den Linien / formt und all den Falten, / wenn sich über Leere schließt / diese Hand aus nichts.
[65] Rainer Maria Rilke – Claire Goll: Briefwechsel. Herausgegeben von Barbara Glauert-Hesse. Göttingen 2000, S. 10.

Bildnachweis

S. 21: Muzot. Fotograf: Paul von Schulthess-Rechberg. Fondation Rilke, Sierre (Schenkung Hanspeter von Schulthess).

S. 35: Handinneres. Ingeborg Schnack: Rainer Maria Rilke. Leben und Werk in Bildern. Mit einer biographischen Einführung und einer Zeittafel. Frankfurt am Main 1973, S. 233.

S. 39: Hôtel Foyot. Maurice Betz: Rilke in Frankreich. Erinnerungen, Briefe, Dokumente. Wien, Leipzig, Zürich 1938, S. 80.

Buchumschlag: Motiv nach einem Handeinband im Stil des Art Déco von Suzanne Desouches (1874–1952) zu Rilkes Sammlung französischer Gedichte ‹Vergers› (1926), Widmungsexemplar für Jeanne Dubost (1876–1961) in Paris mit den eingeschriebenen Versen:

> O LE RUBAN léger dont les bouts flottent,
> poème sur un thème éternel
> qu'écrit soudain un doux vent polyglotte,
> qui te lirait selon ton sens réel,
> flottant adieu, qu'attendrait-il encore
> de cette vie à l'abandon fatal,
> où parfois un jardin hivernal
> rend apparent la statue d'une Flore ...
>
> Muzot, ce 9 juillet 1926.

*

Prof. Dr. Erich Unglaub, Germanist und Komparatist an der Technischen Universität Braunschweig, ist Mitglied der Rilke-Gesellschaft.

Curdin Ebneter, langjähriger Kurator der Fondation Rilke in Sierre, Romanist und Slawist, ist Mitglied der Rilke-Gesellschaft.

Beide sind Herausgeber der Publikation *Erinnerungen an Rainer Maria Rilke* (3 Bde., Wädenswil: Nimbus, 2022).

Erich Unglaub, germaniste et comparatiste, est professeur émérite à la Technische Universität Braunschweig et membre de la Rilke-Gesellschaft.

Curdin Ebneter, membre de la Rilke-Gesellschaft, a été conservateur de la Fondation Rilke à Sierre.

Ensemble, ils ont édité l'ouvrage *Erinnerungen an Rainer Maria Rilke* (3 vol., Wädenswil: Nimbus, 2022).

Das Signet des Schwabe Verlags
ist die Druckermarke der 1488 in
Basel gegründeten Offizin Petri,
des Ursprungs des heutigen Verlagshauses. Das Signet verweist auf
die Anfänge des Buchdrucks und
stammt aus dem Umkreis von
Hans Holbein. Es illustriert die
Bibelstelle Jeremia 23,29:
«Ist mein Wort nicht wie Feuer,
spricht der Herr, und wie ein
Hammer, der Felsen zerschmeisst?»